U0034932

卜卦一本通

Chinese Divination

超準預測學，馬上上手

命理大師

陳文祥

瞭解處境、趨吉避凶的利器

　　文王卦從五行易開始，經由無數能人高手的研究（如焦、京師徒、劭康節等），一直到明朝的劉伯溫集大成。其卦理是從自然界的現象（五行、五種基本能量）開始，加上六親關係的歸類、配合時間的運轉與哲學上的共識性（性情與感受，也就是六獸），再加上前人的經驗，綜合集結成一個完整的學說與體系。

　　「男怕入錯行、女怕嫁錯郎。」其實人生中重大的決策哪是工作選擇與結婚對象而已？我們知道人生的軌跡至此，目前的結果就是之前的每一個決定所延續下來的蝴蝶效應；只要人生繼續前進，每個人

都免不了一直在做決定。運氣好投資賺進千金，運氣不好搭郵輪遇到擱淺…，難道我們每次只能全憑僅有的資訊與隨之的運氣嗎？

　　文王卦占卜就是能將所問的訊息，以排卦的方式呈現出來。透過解讀而瞭解目前處境與未來吉凶，進而知所進退、解除煩憂；而本書就是教大家從問卜開始、記錄排卦、找尋各篇條例去解釋事態吉凶。

　　想想看每件事的發展與資訊都能事先掌握，是多麼美好的一件事啊！無謂的恐懼與資源的浪費都將消彌於無形。

陳文祥

2014/12/3 於君疑聞詳命相卜

目錄

第三篇　基礎卦理介紹

第四篇　實際的分類與應用

第一篇

卜卦的基礎認知

1.1 五術概論

何謂五術

五術就是山、醫、命、相、卜五個分類，每個分類或有重疊部分，但仍無法完全取代另一學科。

山：利用一些特殊方法，來修練身、心、靈，以期達到天人合一的境界。如：靈修、打坐、武術、氣功、符咒、宗教儀軌、哲學思想等。

醫：利用藥物或療法來使身體及心理達到健康狀態。如：針灸、食療、中草藥、推拿、刮痧及多種靈療術（如催眠、芳香療

法、收驚等）。

命：以人的出生時間、地點為輸入條件，然後執行一個程式（如子平八字、紫微斗數等），進而推論此人一生或特定時空下的命格及運勢高低。知命造命、不宿命是正確的觀念，進而達到趨吉避凶的目的。

相：依照物體（或人）的具體形象，以經驗法則推論吉凶。如：手面相、名片、印章、陰陽宅、姓名學等。

卜：透過工具（錢幣、米粒、龜筮）或特殊程式（奇門遁甲、六壬課）來預測人、事、物的演變與吉凶。如：文王卦（六爻神卦）、抽籤、梅花易數、米卦鳥卦等；其應用極廣且準確，但通常效時不長。

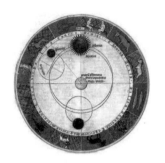

西洋占星算命類似東方的
斗數推命術

西洋塔羅牌類似東方的卜
算預測術

1.2 卜卦的應用範圍

～卜卦與一般算命不同

a. 程式上的不同：算命必須有出生的生辰
   八字、地區，然後才能進行分析；而卜
   卦不需要這些資訊，且沒有共盤（多人
   共用一個命盤）的現象。

b. 算命是算個人的運勢走向，屬於長期人
   生規劃用途（如何時婚姻運不錯，與何
   種老公類型才能彼此人生觀、價值觀相
   稱）。而卜卦通常都是占問單一事件（如
   老公有無外遇）。

以數學角度來看，卜卦有點像是微分，

在目前占卜的時間點上預測事件吉凶（取切線看斜率）；而算命像是積分，事先看出運勢上下起伏的大輪廓，進而趨吉避凶。所以若是想知道單一事件（如換到某公司好不好？），則卜卦還是最妥當的一個選擇。若是想問我適合何種類型工作，則必須要參考命盤了！

🌊 萬事皆可問，唯誠則靈：但有關國事、未來之事、他人之事也都能問卜？

有人說問國事是皇帝（目前為總統）才能問，否則會倒楣。或是如塔羅牌強調的，占卜只能問自己相關的事情才行，因為這樣才能與宇宙的資料庫做連結。

其實，文王卦是可以問上述事情的，

只要占卜人真的想知道這件事，且立意良
善下，都可以卜，而且不會有不良後果。

～～ 與廟宇擲筊的不同：

a. 廟宇是靠既定幾組的籤詩，但世間事卻
  千變萬化。

廟裡的籤詩的用詞通常含蓄待解。

b. 解籤之人功力與籤詩文字的不確定性。

c. 文王卦除了可以看出事情吉凶之外，還能推算應驗的時間，此點解籤詩無法告知。

d. 靈驗度與廟裡是正神與否也不能確定。

〜 文王卦準確的原因：

a. 人人都有自性靈（又稱高我、神性、佛性……），試想鳥卦（註）都有人信了，而人身為萬物之靈，靈性高於禽鳥甚多，當然有其預測能力。

b. 卜卦時周遭有卦神的存在，而此處說的卦神是指剛好路過的神明，幫占者去調看未來、未知的資訊，將之轉化成八卦、陰陽的資訊，讓解卦者去拆解、閱讀。

～♨ 文王卦不準的原因：

a. 占者不專心或根本不想知道答案、排斥問卜（被半推半就來問卜的）。

b. 占者問法錯誤。

c. 占者精神狀態不佳。

d. 占者既定意識的投射（不中立）。

e. 解卦者功力不夠。

註：鳥卦為白紋鳥隨機叼卦紙，然後請師傅解釋

f. 試卦性質或連續卜三支卦以上、同一支卦
短期間再問卜等情形。

　　〜 文王卦與易經卦不同，不需文學
　　　底子，不用背卦辭，單純以五行
　　　生剋做為論斷起點。

1.3 卜卦前須知與
準備事項

1. 不需要生辰八字等資訊，但占者要思考
   過欲詢問的問題。

2. 萬年曆或是手機萬年曆或是自己推算占
   卜月、日的天干與地支（必須要有占卜
   日是哪一個六十甲子的資訊）。

＊遇到每日子時交時辰要小心，因為可能會有日
   期不同的問題。

　　因此要於22:45～23:15間暫不占卦，
或是利用軟體算出占卜地點的「真太陽時」
確定是屬於哪一日。

＊遇到交節氣的月份亦要小心（六十甲子的月份
是利用節氣來決定月份的）。

3. 卜卦者若是精神力難集中，則要用幾次
深呼吸、靜坐、焚香、精油等方式。

4. 卦的有效期限：一般為一年左右，要增
長期限與獲取更多資訊，則有以下要領：

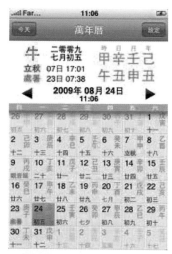

手機萬年曆程式可以馬
上轉換成干支的資訊。

（1）醞釀愈久、想到要卜卦就馬上卜、占卜過程愈短愈好、搖卦均勻便可不需太久。

（2）提升靈力值（看玄典、靜坐開中軸、占卜環境、好的攜符或請神），因此事前可靜坐或深呼吸。

（3）平時培養專心的習慣。

5. 不需焚香淨身，但是心若不敬仍是不好的，如：不要隨便穿著內衣、嚼食食物……等行為。

6. 要準備的器具：三個一元銅板（古錢要真的是古錢才有用，若是購入贗品能量甚低）、碗公一副（大小及垂直度適中）、卦紙（一般用紙就行了）。不一定要使用龜殼，搖卦時將雙手合包捧起來，就

龜殼、碗公、一元銅錢三個
（可事先將人頭畫黑起來，就很明顯能分辨陰陽面）

像是「人肉龜殼」般亦有其靈感。

7. 卜卦前的請神文，可列印出來放在旁邊，

唸完後就開始搖卦：

「拜請八卦祖師、伏羲、文王、周公、

孔子，五大聖賢。智聖王禪老祖，及孫臏

真人、諸葛孔明真人、劉伯溫真人、九天

玄女、陳摶真人、十方世界諸仙佛、飛空過往神聖，本地、本地方主司福德正神，排卦、排卦童子，成卦童郎，駕臨指示聖卦。然後，今有弟子某某人，住在哪裡，今為什麼事情，什麼事情憂疑難決，請諸神依實指示聖卦，請諸神依實指示聖卦。」

1.4 卜卦的步驟與記錄

a. 參考下圖，我們用三個硬幣所搖出的情形共只有四種。

b. 唸完請神咒一次之後，念頭寄念於所問之事，然後將三個硬幣置於雙手中。

c. 整個過程念頭都繼續掛寄於所問之事，雙手空間內均勻搖晃硬幣，然後放手將硬幣掉落於碗公裡。

d. 撿起此三個硬幣重新置於手中搖晃，如此重複共六次。

e. 記錄從第一次到第六次的卦象。若容易因記錄而分心，則也可請旁人幫忙記錄。

如：第一～六次分別搖出（人頭、一元、

一元）（人頭、人頭、人頭）（人頭、
人頭、一元）（一元、一元、一元）（人
頭、一元、一元）（人頭、人頭、一元）。

　　則此次的一～六爻分別為少陽、老陽、
少陰、老陰、少陽、少陰。

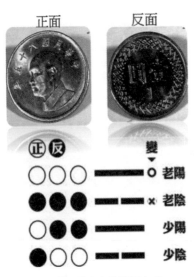

三個硬幣占卜的排列方式

而根據此紀錄與占卜日期，就可以排出一個完整的文王卦，不管是翻本書查表或是電腦網頁、手機 App 都可以。

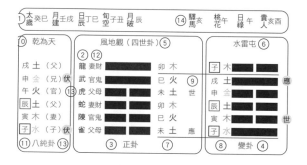

1.5 一支卦的組成

　　坊間排卦軟體、排卦的形式沒有統一，此處我是以 iphone App 的軟體所排出的呈現方式為例，大致上就是這些內容：

①占卜時的年、月、日，以六十甲子方式呈現，以及因日期所排出的旬空地支、月破地支。日期固定，其旬空、月破的地支也就同時確定了。

②因占卜日期所決定的六獸（或稱六神）的順序。

③搖六次卦後，記錄每次的卦象結果（標紅色的為老陰或老陽）。

④承上，若本卦有老陰、老陽的情況下，

就會有其變卦產生。因為極陽能變為陰、極陰能變為陽，此時本卦的這個爻支就成為動爻，反之則為靜爻（不能動）。

⑤本卦的卦象，找出其易經六十四卦的卦名。

⑥變卦的卦象，找出其易經六十四卦的卦名。

⑦由本卦的卦象，填入對應的每一爻地支，右邊為此地支的五行。

⑧由變卦的卦象，填入對應的每一爻地支，右邊為此地支的五行。

⑨因本卦卦象而產生的世爻與應爻的位置（右邊變卦的世應我們不需理會）。

⑩填入因本卦卦象而決定的卦首（屬於哪一個八卦所管轄，此例為乾卦）。

⑪承上，依此卦首，我們可以排出此卦首
　所對應的第一～六爻地支為何。

⑫因為卦首五行，而相對填入本卦地支所
　對應的六親為何。

⑬伏神：因為提問問題找用神（某個六親），
　若卦中無此六親，則需要找伏神。此卦
　的伏神有兩個，分別為第五爻的申金兄
　弟爻與第一爻的子水子孫爻（事實上，
　只有一個申金是伏神，因為變爻地支中
　已經有子水子孫爻了，在⑧的第一與第
　六爻位置）。

⑭因為占卜日辰的關係，我們可以找出當
　日對應的驛馬、桃花、祿、貴人等資訊。

1.6 如何查表排卦

本篇之資訊如五行、六親、六獸等不熟悉者請參閱本書第二篇。

1. 查萬年曆，將年、月、日、時的六十甲子填入。

* 網路上萬年曆網址很多，如：http://time.rootinfo.com.tw/

* 手機 App 程式也可有多款萬年曆可選擇。

2. **旬空**：依照日辰的六十甲子，查下表一填入當時的旬空為哪兩個地支。

甲寅	甲辰	甲午	甲申	甲戌	甲子
乙卯	乙巳	乙未	乙酉	乙亥	乙丑
丙辰	丙午	丙申	丙戌	丙子	丙寅
丁巳	丁未	丁酉	丁亥	丁丑	丁卯
戊午	戊申	戊戌	戊子	戊寅	戊辰
己未	己酉	己亥	己丑	己卯	己巳
庚申	庚戌	庚子	庚寅	庚辰	庚午
辛酉	辛亥	辛丑	辛卯	辛巳	辛未
壬戌	壬子	壬寅	壬辰	壬午	壬申
癸亥	癸丑	癸卯	癸巳	癸未	癸酉
子丑	寅卯	辰巳	午未	申酉	戌亥	空亡

表一：空亡表

3. **六獸**：依照日辰的天干，若為甲乙：青
龍放在第一爻。 丙丁：朱雀。 戊：勾陳。
己：螣蛇。庚辛：白虎。壬癸：玄武。
然後依照青、朱、勾、螣、白、玄的順

序依次填入二～六爻（如下表所示）。

4. 根據占卦的順序填入卦象，三個一元
   硬幣只能出現四種情形：一個人頭為少
   陽‧，兩個人頭為少陰‧‧，三個人頭為
   老陽○，沒有人頭為老陰X。 若搖到有

壬癸	庚辛	己	戊	丙丁	甲乙	日干 ＼ 卦爻
白虎	騰蛇	勾陳	朱雀	青龍	玄武	六爻
騰蛇	勾陳	朱雀	青龍	玄武	白虎	五爻
勾陳	朱雀	青龍	玄武	白虎	騰蛇	四爻
朱雀	青龍	玄武	白虎	騰蛇	勾陳	三爻
青龍	玄武	白虎	騰蛇	勾陳	朱雀	二爻
玄武	白虎	騰蛇	勾陳	朱雀	青龍	初爻

〇、X的，則該爻就能產生其變爻。

5. 根據下表二，查表填入本卦的上卦（外卦）、下卦（內卦）的地支。其中第一、三爻為下卦，四～六爻為上卦。

6. 根據下表二，查表填入變卦上卦、下卦的地支（極陽〇→‥， 極陰X→‥）。

7. 根據下表二，查表填入世爻的位置與卦首是屬於哪個卦？如乾六，就是卦首為乾卦，世爻位於第六爻。而應爻與世爻永遠差三位。

8. 根據表二，我們可以填入本卦、變卦的上下卦名，然後根據表三，填入本卦、變卦的六十四卦卦名。

9. 根據表四，我們依照卦首的五行，可以填入六親（父母爻、兄弟爻、子孫爻、

妻財爻、官鬼爻）。

* 五行的資訊：乾、兌：金。 離：火。 震、巽：
木。 坎：水。 艮、坤：土。

子、亥：水。 辰、戌、丑、未：土。 寅、
卯：木。 巳、午：火。 申、酉：金。

* 卦首五行為我，同我者為兄弟，剋我者為官鬼，
生我者為父母，我生者為子孫，我剋者為妻財。

10.依照日辰的天干資訊，找出貴人的地支。

甲戊庚日：貴人地支為：丑未。 乙己：
子申。

丙丁：亥酉。 壬癸：卯巳。 辛：午寅。

11. 找出卦身的地支：

◎世爻為陽爻，卦身從子算起算至世爻位（如世
爻在第四爻，則卦身為卯）

◎世爻為陰爻，卦身從午算起算至世爻位（如世
爻在第四爻，則卦身為酉）

◎再看卦中有無卦身的地支出現，若有，則此卦
　有卦身。

＊卦身不需或亦可，因為從來不驗。

外卦\内卦	乾 戌申午	兑 未酉亥	離 巳未酉	震 戌申午	巽 卯巳未	坎 子庚申	艮 寅子戌	坤 酉亥丑
(金)乾 辰寅子	乾六	坤五	乾三	坤四	巽一	坤四	艮二	坤三
(金)兑 丑卯巳	艮五	兑六	艮四	兑三	艮四	坎三	艮三	坤二
(火)離 亥丑卯	離三	坎五	離六	坎四	巽二	坎三	艮三	坎四
(木)震 辰寅子	巽四	震三	巽五	震六	巽三	坎二	巽四	坤一
(木)巽 酉亥丑	乾一	震四	離二	震三	巽六	震五	巽三	震四
(水)坎 午辰寅	離二	兑五	離二	震四	離五	坎六	離四	坎三
(土)艮 申午辰	乾二	兑三	離一	兑四	艮三	兑四	艮六	兑五
(土)坤 卯巳未	乾三	兑二	乾四	震一	乾四	坤三	乾五	坤六

表二：排卦首、世爻、上下卦的地支、上下卦的卦名

坤 地	艮 山	坎 水	巽 風	震 雷	離 火	兌 澤	乾 天	上卦／下卦
地天泰	山天大畜	水天需	風天小畜	雷天大壯	火天大有	澤天夬	乾為天	乾 天
地澤臨	山澤損	水澤節	風澤中孚	雷澤歸妹	火澤睽	兌為澤	天澤履	兌 澤
地火明夷	山火賁	水火既濟	風火家人	雷火豐	離為火	澤火革	天火同人	離 火
地雷復	山雷頤	水雷屯	風雷益	震為雷	火雷噬嗑	澤雷隨	天雷无妄	震 雷
地風升	山風蠱	水風井	巽為風	雷風恆	火風鼎	澤風大過	天風姤	巽 風
地水師	山水蒙	坎為水	風水渙	雷水解	火水未濟	澤水困	天水訟	坎 水
地山謙	艮為山	水山蹇	風山漸	雷山小過	火山旅	澤山咸	天山遯	艮 山
坤為地	山地剝	水地比	風地觀	雷地豫	火地晉	澤地萃	天地否	坤 地

表三：64 卦卦名

爻支 ＼ 六親 ＼ 卦首	金	木	水	火	土
金	兄弟	官鬼	父母	妻財	子孫
木	妻財	兄弟	子孫	父母	官鬼
水	子孫	父母	兄弟	官鬼	妻財
火	官鬼	子孫	妻財	兄弟	父母
土	父母	妻財	官鬼	子孫	兄弟

表四：六親表

1.7 如何利用手機軟體、電腦網頁快速排卦

時代進步，很多人都隨身攜帶智慧型手機，而排卦既然是既定程式，自然也有開發相關的軟體可以下載或上網供查詢。

> 智慧型手機的 app 是最方便的，這邊我們推薦不同系統商的軟體供參考。

蘋果 iOS「六爻裝卦」的圖像

Android 系統「六爻排盤精 V1.1」的圖像

1. 蘋果 iOS：您可以下載「六爻裝卦」。

2.Android 系統

手機：您可以下載「六爻排盤精靈
V1.1」。

🌊 網路上六爻排盤的**網站很多**，而且
　　很多人常用這些網站跑出的結果，貼
　　卜出的卦象到 BBS 站上的六爻卦討論
　　區，請人幫忙回答問題的吉凶。

1. destiny 命理網：此網為台灣算命的入
　　口網站中較大、成立較久的。可以選擇
　　電腦自動起卦，或是自行搖卦然後手動
　　輸入起卦（手動若無分心時，較電腦自
　　行亂數起卦為準確）。排卦網址連結：
　　http://destiny.xfiles.to/app/iching/Divine

2. 元亨利貞網：大陸的網站大抵上設計都
　　差不多，多了以時間起卦的選項以及報

三個數字起卦的選項。但我們還是建議
以手動搖卦，然後記錄卦象再輸入第一～
六次的結果（手動搖卦的選項）。

其連結網址如下：http://www.china95.net/
paipan/liuyao/

＊筆者較不建議採梅花易的取卦法，因為六爻取
　卦是從第一爻逐漸往上取卦到第六爻；而梅花
　易則先取上卦再取下卦，且變爻只有一個，所
　以有時要取交互、錯綜卦象來斷，因為本身的
　設計限制其資訊含量較少。

第二篇

基礎知識介紹

本篇從基礎的天干、地支介紹起，接著就是五行、八卦，然後逐步帶入因地支而導入的十二長生訣的概念、因五行彼此生剋而造成爻支的旺弱。從 2.5 節之後就是進入文王卦的世界了，讀者只要跟著本書的節奏，應該也能瞭解一支卦中每一個符號、文字的意思，進而於看他人的書、乃至於網路看他人的卦都能有一點 sense。

2.1 天干、地支與六十甲子

· **十天干**：甲、乙、丙、丁、戊、己、庚、辛、壬、癸等。中國符號學的一種，單數為陽，偶數為陰。其五行與方位的組合：甲乙為東方木、丙丁為南方火、戊己為中央土、庚辛屬西方金、壬癸為北方水。

· **十二地支**：子、丑、寅、卯、辰、巳、午、未、申、酉、戌、亥。單數為陽，偶數為陰。

地支是指木星軌道被分成的十二個部分。木星的公轉週期大約為十二年，所以，中國古代用木星來紀年，故而，而稱為「歲星、太歲」。後來又將這十二個部分命名，這就是「地支」。

地支	生肖	節氣時間段	近似陰曆月份	近似陽曆月份	時刻	五行	陰陽
子	鼠	大雪至小寒	農曆11月	12月	23時至1時	水	陽
丑	牛	小寒至立春	農曆12月	1月	1時至3時	土	陰
寅	虎	立春至驚蟄	農曆正月	2月	3時至5時	木	陽
卯	兔	驚蟄至清明	農曆二月	3月	5時至7時	木	陰
辰	龍	清明至立夏	農曆三月	4月	7時至9時	土	陽
巳	蛇	立夏至芒種	農曆四月	5月	9時至11時	火	陰
午	馬	芒種至小暑	農曆五月	6月	11時至13時	火	陽
未	羊	小暑至立秋	農曆六月	7月	13時至15時	土	陰
申	猴	立秋至白露	農曆七月	8月	15時至17時	金	陽
酉	雞	白露至寒露	農曆八月	9月	17時至19時	金	陰
戌	狗	寒露至立冬	農曆九月	10月	19時至21時	土	陽
亥	豬	立冬至大雪	農曆十月	11月	21時至23時	水	陰

- 地支三合：十二地支中，每隔四個為一組，彼此角度相差 120 度。分別是申子辰合成水局、巳酉丑合成金局、寅午戌合成火局、亥卯未合成木局。

- 地支相沖：十二地支中，每隔六個為一組，彼此角度相差 180 度。分別是子午沖、丑未沖、寅申沖、卯酉沖、辰戌沖、巳亥沖。

- 地支六合：子丑合、寅亥合、卯戌合、辰酉合、巳申合、午未合（此為中國占星術七政四餘的理論，有天文學的味道）。

- 地支相刑： 寅刑巳、巳刑申、申刑寅，為持勢之刑。未刑丑、丑刑戌、戌刑未，為無恩之刑。

子刑卯、卯刑子，為無禮之刑。辰刑辰、午刑午、酉刑酉、亥刑亥，為自刑。

· **六十甲子**：自從東漢建武三十年（約西元 54 年），我國開始了以天干、地支彼此搭配的六十進位紀年法。該年為甲子年，之後為乙丑、丙寅、丁卯年…，因為十天干與十二地支的最小公倍數為六十，所以每六十年之後又重新從甲子年開始，之後再為乙丑、丙寅年……等，周而復始。

*中國術數八字學中的「四柱八字」，就是年柱干支、月柱干支、日柱干支、時柱干支。每個有兩個字，所以四柱共有八個字，因而稱之為八字。

例：我們欲得 2013 年 3 月 30 號的 12：20 分其四柱八字為何？ 首先利用網頁

或是手機萬年曆軟體，我們可得知該日為癸巳年、乙卯月、乙未日。而依下兩表格，其午時（11 ～ 13：00 之間）為壬午時。而所謂的四柱八字就是：年柱的：癸巳、月柱的：乙卯、日柱的：乙未、時柱的：壬午。

時辰 日干	子時	丑時	寅時	卯時	辰時	巳時	午時	未時	申時	酉時	戌時	亥時
甲乙	甲	乙	丙	丁	戊	己	庚	辛	壬	癸	甲	乙
乙庚	丙	丁	戊	己	庚	辛	壬	癸	甲	乙	丙	丁
丙辛	戊	己	庚	辛	壬	癸	甲	乙	丙	丁	戊	己
丁壬	庚	辛	壬	癸	甲	乙	丙	丁	戊	己	庚	辛
戊癸	壬	癸	甲	乙	丙	丁	戊	己	庚	辛	壬	癸

表五：從日干找時干

時支	晚子	早子	丑時	寅時	卯時	辰時	巳時	午時	未時	申時	酉時	戌時	亥時
時間	晚上11點～00點	凌晨00點～01點	凌晨01點～03點	凌晨03點～05點	上午05點～07點	上午07點～09點	上午09點～11點	上午11點～01點	下午01點～03點	下午03點～05點	下午05點～07點	下午07點～09點	下午09點～11點

表六：時辰對照

2.2 五行與八卦

· **五行**：中國術數家將地球的物質分為金、木、水、火、土等五種元素。五行彼此間有其生剋關係，而卜卦就是以五行生剋為出發點來論吉凶的。

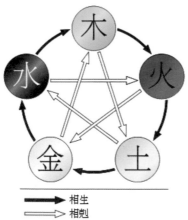

➡ 相生
⇨ 相剋

五行生剋關係圖

· **八卦**：八卦有先後天之分，伏羲仰觀天地天文、俯瞰地理，創造先天八卦。

這是說明地球在宇宙中的空間定位，含日月（以水火代替）運行，以及能量交換等相互關係。而周文王幽而演易在受監禁的時間，佈出後天八卦之圖（下圖右），這後天八卦就廣為之後的陰陽家、風水術數家等使用。

先天八卦
天地定位 山澤通氣 雷風相薄
水火不相射 八卦相錯

後天八卦
帝出乎震 齊乎巽 相見乎離 致役乎坤
說言乎兌 戰乎乾 勞乎坎 成言乎艮

＊下方為維基百科中有關八卦的表象、五行、方位……等
資訊的表格。

卦象	卦名	自然象徵	性情	家族關係	動物	身體部位	器官	先天八卦方位	後天八卦方位	五行
☰	乾	天	健	父	馬	頭	腦	南	西北	金
☱	兌	澤	悅	少女	羊	口	肺	東南	西	金
☲	離	火	麗	中女	雉	目	膽囊	東	南	火
☳	震	雷	動	長男	龍	足	心	東北	東	木
☴	巽	風	入	長女	雞	股	肝	西南	東南	木
☵	坎	水	陷	中男	豕	耳	腎	西	北	水
☶	艮	山	止	少男	狗	手	胃	西北	東北	土
☷	坤	地	順	母	牛	腹	脾	北	西南	土

2.3 十二長生訣

　　十二長生訣（卜卦看的是地支，而非天干的長生訣）：八字為火、土共為同一個長生，而卜卦採水、土共長生。十二長生訣如下表七所示。而我們解卦時，一般也只看長生、帝旺、墓、絕四項而已。

　　如：占卜日為甲申日，而卦中某爻地支為子水，則是日為此爻之「長生」。

表七：不同五行其十二長生的布局。

十二運 五行	長生	沐浴	冠帶	臨官	帝旺	衰	病	死	墓	絕	胎	養
水、土	申	酉	戌	亥	子	丑	寅	卯	辰	巳	午	未
火	寅	卯	辰	巳	午	未	申	酉	戌	亥	子	丑
金	巳	午	未	申	酉	戌	亥	子	丑	寅	卯	辰
木	亥	子	丑	寅	卯	辰	巳	午	未	申	酉	戌

2.4 爻支與月令之關係

　　爻支與月令之關係：旺、相、休、囚、死，五種關係。其中旺、相是爻支受月令所生、扶，則此爻支在這個月之中是屬於強壯的。而休、囚則是爻支於此月令中屬衰弱的。最差的就是死，爻支受月令所剋，此爻支不僅衰弱而且還受傷！

　　旺：月令的五行與爻支五行相同。

　　相：月令的五行來生爻支五行。

　　休：爻支五行去生月令的五行。

　　囚：爻支五行去剋月令的五行。

　　死：月令的五行來剋爻支五行。

例如：寅月占卦，卦中的某爻支為子水，則此月對於這個爻支的關係為「休」，亦即月令對此爻支沒有助益。

2.5 伏神與飛神

1. 卦中用神不現時（所有爻支含日、月、
   變爻）則要找伏神，與伏神同爻位之本
   爻支則為飛神。

2. 伏神無法出伏則為無用之伏神，若可出
   伏視同動爻，可對卦中之爻產生關係式。

3. 伏神無法出伏時，只有日、月、飛神能
   對其產生生、剋、沖、合等關係式；即
   使飛神非動爻也可生伏神。

4. 伏神能不能出伏的看法：視飛神與伏神
   於卦中的強弱關係，若伏神較強才能出
   伏。

5. 伏神若可出伏，其應驗之日為：值伏神

地支日、沖飛神地支日。

· **例子**：若此卦例為占父母之事，則父母
用神爻沒出現在卦中，我們此時要找卦
首——坤的父母爻在哪？由查表或使用
程式，我們知道用神（巳爻父母）是伏
在第二爻之下（寅木官鬼）。

　　此時，寅就是飛神，而巳就是伏神。

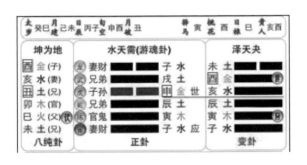

*寅爻支於卦中對月令而言是休囚，對日辰而言是受生，
但有申金動爻來剋。巳爻支對月休囚、受日剋。因此相較
之下，巳火是較弱而無法出伏的。

2.6 用神與六親

　　·找用神是斷卦首要之務，找錯就斷錯，用神不可死背，可以用推論的。

～父母爻：凡一切庇佑我之事物。

　　長輩或與父母同輩者（叔伯姨媽、爺奶父母）、師長、學校、成績、學習進修、考試、文章、書籍、契約、收據帳本、證詞、公文信件、郵件電話、房舍、風水、雨衣、雨天、交通工具、慈祥愛心、勞動勞累、奉獻、傭人占主人……。

～兄弟爻：凡一切同我、類似我之事物。

兄弟姊妹、劫財、姊妹的丈夫、妻之
兄弟、知交朋友、同事、競爭者、乾姊弟、
口舌爭吵、風雲、門窗、損耗⋯⋯。

〰️ 子孫爻：凡一切受我庇佑之事物、解除麻煩之事務。

兒女、孫子、晚輩、學生、忠臣良將、
藥品、修行、專利、創意、休閒、習武、
五術、喜悅、字畫、晴朗、順風、僧道、
六畜、女婿⋯⋯。

〰️ 妻財爻：凡一切供我驅使之事物。

老婆、財物、女友、兄嫂弟婦、傭人、
倉庫、食物、職員、股價、車子、服飾衣帽、
廚房爐灶、晴天⋯⋯。

〰️ 官鬼爻：凡一切限制我之事物。

六親生剋圖

丈夫、公司、法律、丈夫同儕朋友、丈夫之兄弟姊妹、功名、事業、求職、官司、警察、疾病、鬼魅、亡者、屍首、憂疑、神明、盜賊、凶災、客廳、雷電、政府、逆風……。

・ **世應論用神**：卜卦時，世爻為占者自己。而應爻為他人、無尊卑之人、點頭之交、仇人、對方某人、某處某地、某公司、此山此水、某寺某壇……。

世應相生相合：大抵賓主相投；世應相沖相剋：可見兩情不睦。

・原忌仇神論：

　　1. 用神：所占之事所用之神。

　　2. 忌神：剋用神者。

　　3. 原（元）神：生用神者。

　　4. 仇神：剋原神者（一定生忌神）。

　　例：用神為五行木、原神為水、忌神為金、仇神為土。若為求財卦時，用神為妻財爻、原神為子孫爻、忌神為兄弟爻、仇神為父母爻。

2.7 六神辨象訣竅

六神辨象訣竅：六神沒有吉凶，只做為辨象之用。

～✲ 青龍：

正配、血親、喜悅、酒食、正直……結合六親判斷可為：

青龍（台灣百科全書）

官鬼爻：正神、法律、官位、占家宅為神位、占婚姻為正配之夫、占申請為政

府機關、併勾陳為官司。

父母爻：正式文書、證件文憑、法律條文、契約、經書經文、祖先靈。

兄弟爻：親兄弟、正義之朋友、喜慶中認識之友。

妻財爻：正配之妻、正財、喜慶之食物或禮金、正直的老婆。

子孫爻：直系晚輩、正直的職員後輩、修行人、正派藝術界之人、新的藥物、清閒的氣質、占財為獲利、占官職為忌神、男占婚姻為吉、女占婚姻為凶。

朱雀：

朱雀就是鳳凰

口舌、飛行、火光、迅速、發炎……結合六親判斷可為：

官鬼爻：官司、報案、上庭辯駁、善言詞之丈夫、火災（官爻巳午火動來剋更是）、詛咒傷人之術（兼看玄武、騰蛇動爻）。

父母爻：書信、郵件、e-mail、電話、傳真、老師、誦經、鬧區之屋、合約書有糾紛、飛機票、飛機。

兄弟爻：善言詞的同輩、生氣吵架、

口角是非、家中門窗太多卦位不對、同輩
告知的訊息。

　　妻財爻：匯款、靠口才賺錢、善言詞
或嘮叨之妻。

　　子孫爻：能言善道之晚輩下屬、誦經、
八哥鸚鵡、燥熱之藥物、修行人、藝術界
之人（歌星、相聲、演歌）。

～勾陳：

勾陳是有喙的神獸—大鵬

久纏、繩子、田土、熟識、跌倒、忠厚、
遲鈍……結合六親判斷可為：

官鬼爻：占官司、邪惡主糾纏、五術
業的熟客、女占：在一起很久或感情很好
的情人、男占為情敵、困擾很久的憂疑。

父母爻：舊屋、祖先靈、跌倒、文書
遲滯、辛苦勞碌、難產、熟悉的長輩、祖
先靈。

兄弟爻：很好的朋友或老朋友、同事、忠厚老實的平輩（或不知變通）、田產土地相關之平輩或劫財。

　　妻財爻：感情好或很久之女友、老婆、財物附靈、買賣土地田產的錢、女占婚姻為情敵。

　　子孫爻：忠厚之晚輩、長期服用之藥物、熟識之晚輩。

螣蛇：

會飛的巨蛇—螣蛇（中文線上百科）

陰司、滑溜、小路、怪異驚恐、拐彎抹角、疑神疑鬼……。結合六親判斷可為：

官鬼爻：官司纏身、陰邪作祟、鬼魅驚嚇、疑心病重又自私的公務員、陰中注定之丈夫、來剋的符術。

父母爻：陰司靈、祖先靈、凶宅、陰邪的學術或經文。

兄弟爻：同輩之靈、拐彎抹角、個性滑溜、疑神疑鬼又自私的同輩、動剋為陰

司謀財。

　　妻財爻：陰中註定之妻、陰中之財、財物附靈、女鬼、已死之妻、喜歡拐彎抹角的老婆。

　　子孫爻：陰中註定之子女、行善積德、晚輩陰靈、動物靈（現在尤其是寵物）、胎靈、古董附靈、疑心病重的晚輩。

白虎：

白虎（台灣百科全書）

血光意外、勇猛、疾病、痛苦、開刀、喪事、軍警、吝嗇……。結合六親判斷可為：

官鬼爻：血光意外、開刀手術（申酉更是）、酷吏。

父母爻：跌倒受傷、多病祖靈、強悍的長輩、之後有血光意外之宅、吝嗇的長輩。

兄弟爻：強悍的同輩、多病的平輩、帶傷開刀的平輩或劫財。

妻財爻：強悍的老婆、有錢但帶病的

老婆、有錢很吝嗇的老婆、帶病的老婆。

　　子孫爻：不孝的子女晚輩、帶病的晚輩、傷胎流產之陰靈、白色或猛烈的藥物、藥丸、當軍警的晚輩。

〜〜 玄武：

唐朝的玄武像，大龜纏蛇。

意象為不正當、貪、賭毒、偷竊、外遇桃花……。結合六親判斷可為：

　　官鬼爻：貪官、盜賊、色鬼、賭鬼、桃花官司、行為不當不務正業的老公、苟

合的姦夫。

　　父母爻：文書契約有偽或有誤、長輩隱情欺瞞、非親生父母親。

　　兄弟爻：詐財騙局、將錢耗於非正當之事（玩樂、賭博等）、不同父母的兄弟、不良朋友。

　　妻財爻：行為不當、苟合女友、騙來或賭博得來之財、言而不實、交際花之女友、食物中毒。

　　子孫爻：毒藥、暗中服用之藥物、物慾享樂、心術不正晚輩或員工、藝術娛樂界。

2.8 斷卦基本十法

　　看一支卦首要找出用神爻，然後看其於卦中之旺衰，以判斷吉凶。這用神爻支可以是靜爻或動爻，而卦中之日、月、動、變爻也可對此用神爻產生影響。因此，知道有無影響及如何影響法則，就可以茲判斷用卦中旺衰，進而斷吉凶。

1. 卦中的年、月、日可對卦中爻支（動爻、靜爻、變爻、伏神）產生關係式。

2. 卦中爻支無法對年、月、日產生關係式（日月為大，生、剋不到）。

3. 卦中的變爻只能對本卦中自化出的動爻產生關係式，影響不到其餘爻支。

71

4. 卦中動爻不能對變爻產生關係式，就連自化出的也不行。

5. 卦中動爻可對卦中其他爻支產生關係式（靜爻及其他動爻）。

6. 卦中伏神若無法出伏，則只與卦中的飛神論關係式而已。

7. 續上，伏神若可出伏，則可視為動爻，此時可對其他爻支產生關係式（同2、3，但仍不能影響除了日、月與變爻）。

8. 續上，卦中伏神若可出伏，則其他動爻當然可以對它論關係式。

9. 卦中的靜爻，無法對其他爻支產生關係式。

10. 卦中若無動爻，則全卦中最旺之爻可視為動爻，而可對其他爻支產生關係式。

＊此處所說的「關係式」就是能產生實質的生、
　剋、沖、合等效力影響。

＊生、剋、沖、合影響請看之後 3.6 的內文。

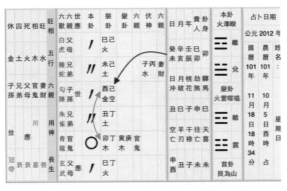

因關係式，而對卦中某爻的旺衰產生影響，進而判斷吉凶。

第三篇

基礎卦理介紹

本篇的卦理寫得十分直白，相信能幫
您解決解卦時的困擾，望祈讀者珍之。

3.1 與月令地支呈六沖的爻支——月破

·卦中爻支與月令呈六沖者,稱為月破(例:子月占卦的午爻支)。月破之爻通常是觀卦重點,有真破與假破之分。真破之爻百無一用,假破暫時無用,待時機一到仍為有用之爻。

1. 真破與假破如何判斷?

◎**靜爻**:除了以下兩種情形為假破,其餘為真破。

①該爻支剛好值日辰。

②日辰或其他動爻來生且合該爻,再

加上此爻在卦中為生多剋少時。

◎**動爻**：卦中的月破之爻，呈現剋多生少
的情形為真破，其餘為假破。

2. 假破要出破、填實、逢合才能有用。

①**出破**：過了月破的月份，那麼月令就無
法作用了（如：申月的寅爻支在酉月）。

②**填實**：未來的年、月、日、時的地支與
月破的地支相同（如：申月的寅爻支在
之後的寅年、月、日、時）。

③**逢合**：未來的年、月、日、時的地支與
月破的爻支或月令相合（如：申月的寅
爻支在之後的巳年、月、日、時，或亥年、
月、日、時）。

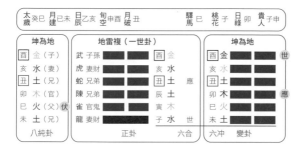

| 太歲 | 癸巳 | 月建 | 己未 | 日辰 | 乙亥 | 旬空 | 申酉 | 月破 | 丑 | | 驛馬 | 巳 | 桃花 | 子 | 日祿 | 卯 | 貴人 | 子申 |

坤為地		地雷復（一世卦）				坤為地	
酉 金（子）		武 子孫 ▬▬ ▬▬		酉 金		酉 金 ▬▬ ▬▬	世
亥 水（妻）		虎 妻財 ▬▬ ▬▬		亥 水		亥 水 ▬▬ ▬▬	
丑 土（兄）		蛇 兄弟 ▬▬ ▬▬		丑 土	應	丑 土 ▬▬ ▬▬	應
卯 木（官）		陳 兄弟 ▬▬ ▬▬		辰 土		卯 木 ▬▬▬▬	
巳 火（父）伏		雀 官鬼 ▬▬ ▬▬		寅 木		巳 火 ▬▬▬▬	
未 土（兄）		龍 妻財 ▬▬▬▬		子 水	世	未 土 ▬▬ ▬▬	
八純卦		正卦			六合	六沖　變卦	

己未月占卦，月破是丑，因此應爻螣蛇兄弟丑爻就是月破。
此爻為靜爻，月令五行來沖無剋、日辰、動爻對爻支都為
休囚，因此此爻判斷為「真破」。

3.2 每十日為一旬的空亡——旬空

　　·**旬空論**：旬空可類化成空虛、不實、無意、等待、沒信心、沒主見等。空亡之爻通常也是觀卦重點，有分真空與假空。真空之爻百無一用，假空暫時無用，待時機一到仍有用。

1. 真空與假空如何判斷？

◎靜爻：爻支休囚，或於卦中剋多生少等情形，此為真空。若在卦中旺相則假空（生多剋少），但靜爻終究無法動起來影響其他爻支。

◎動爻：與靜爻一樣，剋多生少為真空。

　但此時動爻本身因為有動，要視為一個

　生。

2. 假空要出空、填空、沖空才能有用。

①出空：過了旬空的的日子，亦即要到下

　一個甲日（如：空亡為子丑，則到子日

　之後為出空）。

②填實：與空亡的地支相同（如：空亡為

　子丑，則之後的子日或丑日為填空）。

④沖空：與空亡之爻呈六沖之日（如：空

　亡子丑，則午日及未日為沖空）。

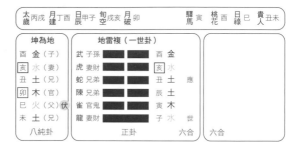

太歲	月建	日辰	旬空	月破	驛馬	桃花	日祿	貴人
丙戌	丁酉	甲子	戌亥	卯	寅	酉	巳	丑未

坤為地				地雷複（一世卦）						
酉	金（子）			武	子孫	⚋	酉	金		
亥	水（妻）			虎	妻財	⚋	亥	水		
丑	土（兄）			蛇	兄弟	⚋	丑	土	應	
卯	木（官）			陳	兄弟	⚋	辰	土		
巳	火（父）	伏		雀	官鬼	⚋	寅	木		
未	土（兄）			龍	妻財	⚊	子	水	世	
八純卦						正卦			六合	六合

甲子日占卦，空亡是戌亥，因此這一個卦五爻白虎妻財亥就是空亡。此爻為靜爻，月令五行來生、日辰五行比旺，因此此爻判斷為「假空」。

3.3 賦云：「伏吟反吟淚淋淋」——伏吟與反吟

　·反吟：反吟有二，一為卦的反吟，
另一為爻的反吟。

◎卦的反吟：亦即本卦所化出的變卦跟本
　卦成六沖（方向相反），如乾巽互變。

　條件與結果：要上下卦都是相反才算，
　若無化回頭沖剋的無妨，沖剋的大凶！

◎爻的反吟：所變出的爻與其本爻地支呈
　六沖，需要每一爻一爻的看。

　　條件與結果：事態反覆不定，若用神
　不被剋者仍有成功希望。若用神被剋者，
　凡謀皆凶！

六親	世應	卦爻	爻支	變爻
妻財	應爻	//	子	
兄弟		一	戌	
子孫		//	申	
官鬼	世爻	X	卯	酉
父母		X	巳	亥
兄弟		//	未	

化出六沖的爻支稱為反吟，而卯與巳皆化出五行回頭剋的
爻支，因此若用神為卯或巳的話，則為不吉。

・**伏吟**：既不能向前，又不能退後，

憂疑呻吟之象、有志不得伸。

◎條件：乾變震、震變乾，則其爻支就會

有伏吟現象。

a. 內卦伏吟內不利（如占家運），外卦伏

吟外不利（如占外出之卦）。

b. 內外都伏吟則皆不利，故一動不如一靜。

六親	世應	卦爻	爻支	變爻
妻財		O	戌	戌
官鬼		O	申	申
子孫	世爻	一	午	
妻財		X	辰	辰
兄弟		X	寅	寅
父母	應爻	一	子	

化出一樣的爻支稱為伏吟，如申、戌兩個爻。

3.4 本卦變化出同五行的爻支——化進、退神

· 化進神與化退神：簡單來說本動爻支化出地支五行一樣的，若順位則進神，逆位則退神。（如寅化卯為化進神，卯化寅為化退神。不用背）

◎**意義**：化進神有順水行舟之意、更進一層之象。化退有逆風前進、不進反退之象。

◎**卦理**：

1. 化進神若旺相，則趁勝而進。若休囚則待時而進。

2. 化進神若有一（動爻或變爻）值空、破，

則待填實之日而進。

3. 化退神之本卦爻支，若在卦中為旺相，則暫時有用而力量不退。

4. 化退神若動休囚化休囚，則即時而退，沒有力量！

5. 化退神若有一（動爻或變爻）值空、破，則待填實之日而退（應期）。

六親	世應	卦爻	爻支	變爻
妻財	應爻	//	戌	
官鬼		X	申	酉
子孫		一	午	
官鬼	世爻	一	酉	
父母		一	亥	
妻財		//	丑	

申化出酉，稱為化進神。

3.5 靜爻也可以活動的條件——暗動

‧**其一**：占卦時若六爻全靜，則選卦中最旺之爻當動爻。

‧**其二**：靜爻逢日沖，則有「暗動」與「日破」之分。若為暗動，則此靜爻可當作是動爻（被日辰沖起之意）。若為日破，則此爻百無一用（視為真破）。

◎**日破**：休囚之爻，受日沖剋（也就是卦中只要有來生的靜爻就不算）。

◎**暗動**：其他狀況。

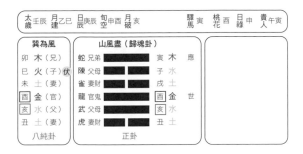

| 太歲 壬辰 | 月建 乙巳 | 日辰 庚辰 | 旬空 申酉 | 月破 亥 | | 驛馬 寅 | 桃花 酉 | 日祿 申 | 貴人 午寅 |

巽為風

卯	木（兄）	
巳	火（子）	伏
未	土（妻）	
酉	金（官）	
亥	水（父）	
丑	土（妻）	

八純卦

山風蠱（歸魂卦）

蛇	兄弟		寅	木	應
陳	父母		子	水	
雀	妻財		戌	土	
龍	官鬼		酉	金	世
武	父母		亥	水	
虎	妻財		丑	土	

正卦

第四爻戌被日辰沖，因為旺相所以為「暗動」，可視為動爻。

3.6 親近與排斥的關係——六合與六沖

· **六沖**：子午、丑未、寅申、卯酉、辰戌、巳亥等各為互沖。

1. **六沖卦**：卦中一四、二五、三六爻的地支相沖，稱為六沖卦。

   （1）只要一組成立，另兩組一定會成立。

   （2）卦意有離散分崩之象，不主吉凶但主散（如官司散反而是好事）。

2. 卦變六沖就是結局終為散的意思。

   （1）六沖化六沖，表示有散上加散的訊息，於卦的有效範圍內其事物沒有

定律、規律。

　　（2）六合化六沖，表示先聚後散，終為
　　　　散的訊息。

3. **反吟卦**：也是六沖卦的一種，有一種該
　　爻自己後悔、想散的訊息。

4. **月、日來六沖**：也是六沖的一種。

　　（1）月、日來沖靜爻，可參考月破、暗
　　　　動、日破等法則。

　　（2）月、日來沖動爻，月沖可參考月破
　　　　法則，日沖則要視爻支旺相與否。

　　（3）旺相之動爻、變爻逢日、月沖，愈
　　　　沖愈旺，反之（衰）則可稱為沖脫。

5. **爻與爻之相沖**：可分動爻沖靜爻、動爻
　　沖動爻兩種情形。

　　（1）動爻只沖不剋靜爻，靜爻本身休囚

時則更弱。靜爻若本身為旺相，則
呈現動態的意涵（還是不能動，只
是意識型態上的動，如感情卦的思
念）。

（2）動爻沖剋靜爻，則靜爻當然受傷。

（3）動爻沖動爻：①旺者勝，休囚者減
少其力量。②主剋者勝，受剋者減
少其力量。③一方旺相、另一方主
剋，則兩方各減少其力量。（＊意
涵多於實際應用）

6.八純卦（上下卦都一樣）當然也是六沖，
其意涵有：

（1）占卦之人無誠心，或占卜之事根本
不存在（某種程度是戲卜）。

（2）終其卦的期限內無法得知此事的結

果。

（3）占卜之事已然結束或根本尚未開
　　　始。

7.純六沖卦（天雷無妄、雷天大壯此兩卦）：
　　表示所占之事會因人事欠調和或某原因，
　　而使此事停止，並無具體之結果或呈中
　　斷、懸而不決……等的情形。

8.若占卜單純的事件時，動了很多爻或是

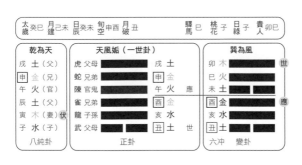

本卦為天風姤，化出變卦為巽為風的六沖卦。

卜到六沖卦，通常都是分心的情形。應請其重卜或加強意念之後再卜。

・**六合**：子丑、寅亥、卯戌、辰酉、巳申、午未等各為一組六合。

1. **六合卦**：卦中一四、二五、三六爻的地支相合，稱為六合卦。

   （1）只要一組成立，另兩組一定會成立。

   （2）卦意有結合、聚集之象，不主吉凶但主合。（如官司卦反而是表官司成立或需要打很久）且有相互吸引、心意相投、彼此牽制之象。

2. **卦變六合**就是結局終為合的意思。

   （1）六合化六合，表示有合上加合、親

上加親的訊息。

（2）六沖化六合，表示先散後聚，終為
　　聚的訊息。

3. **卦化回頭合**：也是六合卦的一種，有一
　種該爻絆住之意（視卦而定）。

4. **月、日來合爻支**：也是六合的一種。

（1）月、日來合變爻，則變爻暫時無法
　　對本位之動爻產生關係式。

（2）月、日來合動爻，則動爻暫時無法
　　活動，要待沖動爻之日時才能脫
　　開。

5. **爻與爻之六合**：可分動爻合靜爻、動爻
　合動爻、變爻合動爻等種情形。

（1）動爻合靜爻，靜爻本身被合住，而
　　動爻仍然可以對他爻支產生生剋沖

合等關係式。

（2）動爻合動爻，則兩爻都暫時無法活
　　動，要待沖開兩爻支之日時才可活
　　動（如子丑合，則午與未都可以沖
　　開這個合）。

（3）變爻合本爻位之動爻，合力較強烈
　　（卦化回頭合），而此動爻要待衝
　　開兩爻支之日時才可活動（如子
　　丑合，則午與未都可以沖開這個
　　合）。

6. 六合與六沖同時存在時，需要判斷此爻
　 支為合處逢沖或沖中逢合。

7. **一般而言**：六合宜生不宜沖，沖之就散、
　 生之事情更易能成功。六沖宜合不宜生，
　 生之其散的性質更加強烈。

8. **生的涵義**：喜歡、想念、精神之愛、幫助、付出、庇佑、以和平方式進行。

剋的涵義：控制、壓抑、肉體之愛、損害、掌握拘束、欺騙、非和平。

沖的涵義：相排斥、反對、討厭、離開、遺棄、相互遠離。

合的涵義：相互吸引、意見相同、結夥、聚集、關係密切、結合。

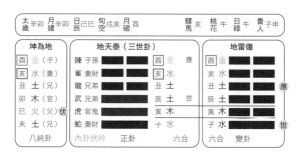

本卦為地天泰，化出變卦為地雷復，為六合卦化六合卦。

3.7 三個爻支的 結盟關係——三合

．卦中形成三合局（申子辰、巳酉丑、寅午戌、亥卯未）的四種情形：

1. 卦中有一動爻與日、月合成局。

2. 卦中兩動爻與日或月合局，暗動也算。

3. 卦中三個動爻合成局。

4. 內卦一、三爻動，和動變出之變爻合成局。外卦四、六爻動，和動變出之變爻合成局。（如下圖）

兄弟	○	巳	酉
子孫	——	未	
妻財	○	酉	丑
官鬼	○	亥	卯
子孫	——	丑	
父母	○	卯	未

❧ 三合局之規則：

1. 必須三字俱全，若少一個動爻則需卦中
   有此一靜爻支，而之後待月、日來補足
   才能成局（此又稱虛一待用）。

2. 若有一爻值空、破者，待填實之日、月
   成局。

3. 卦中有一動爻入墓者，則待其沖之日才能成局。

4. 卦中若有動爻化回頭剋者，則不成三合局！

5. 若已成三合局，則相關爻支就不論入墓、動來剋等關係，因為結盟後就不計前嫌。

3.8 主傷害、意外之事——三刑

　·三刑：恃勢之刑：辰午申。無恩之刑：丑戌未。**無禮之刑**：子卯。自刑：辰午酉亥。

　在卦中只論「辰午申」與「丑戌未」這兩組三刑，子卯論生不論刑，自刑更不論。

◎三刑於一般卦中不論，只論對傷害、疾病、官司等凶災卦例中。

◎三刑本身主凶，但非卦中遇到三刑時就一定會有凶災，是要用神休囚、受傷時，再犯三刑者，才主凶災。

◎卦中三個爻支要為動爻（暗動也算），

或是與月令、日辰合組，且都出現。

* 《卜筮正宗》的例子：寅月庚申日，占姪孫病：
  日、月、動爻形成「寅巳申」三刑。

六親	世應	卦爻	爻支	
兄弟		▬▬	卯	
子孫	應	○	巳	未
妻財		X	未	酉
父母		▬▬	亥	
妻財	世	▬ ▬	丑	
兄弟		▬▬	卯	

3.9 臨危而有救——絕處逢生

·絕處逢生：絕：十二長生的絕，也就是墓的下一位（參考 2.3 的表）。

1. 五行水的絕於巳、金絕於寅、木爻絕於申、火絕於亥。

2. 土爻支於卜卦是水土共長生，因此土爻支的絕是巳，但經驗上我們不論。

3. 墓對爻支是不好不壞，只是如同蓋住而已，待出墓時就可知道好壞。而爻支遇上了「絕」等同一個剋，對爻支是有傷害的，因此需要動爻、變爻、日、月來生，也因此絕要逢生，並非逢合。

3.10 令人眼花撩亂——
用神多現如何取捨

·**用神多現**：當占卜一事，卦中出現
兩個以上的用神爻支，即為用神多現，這
時就要取捨，找出主事的那一個爻支。原
則如下：

1. 捨其不空而用旬空之爻。

2. 捨其不破而用月破之爻。

* 空亡與月破威力相當，因此若同時成立時，應
  期以先到者先應。

3. 捨其安靜而用動爻。

4. 捨其無權而用日、月。

5. 捨其閒爻而用持世之爻（占自身相關之

事時)。

6. 當用神全無空、破、同為動或靜爻,又
不持世時,若占自身之事則取離世爻近
者為用神。

7. 可結合所測之實情取用神,如:當問遠
行之丈夫時,外卦的官鬼爻就可當用神。

8. 可配合六神取象,如占自己妻子之事,
則取青龍財爻當用神。

9. 用神多現,有時卦神要告知其他用神的
信息,若功力高時可以自行揣摩。如併
(兩爻一樣地支),就可能同時兼具兩
個性質。

* 《卜筮正宗》的例子：未月庚子日，占求財？

六親	世應	卦爻	爻支	變爻
兄弟		一	卯	
子孫		一	巳	
妻財	應爻	//	未	
妻財		一	辰	
兄弟		一	寅	
父母	世爻	一	子	

　　卦中月令、第三、第四爻都是妻財爻，
依取捨規則，我們取月令為用神。

第四篇

實際的分類與應用

4.1 婚姻感情占——
針對戀愛與婚姻階段的看法

　　感情關係是困擾不少人的課題，從筆者的顧客來問感情卦的比例就可知道。想要知道對方的心意嗎？真的喜歡我？有無第三者？會彼此提升還是怨偶一對呢？

首爾塔的戀人鎖

這時卜個卦就知道了，首先參照第一篇內容搖出卦象，然後使用本書查表法或介紹的手機或電腦軟體排出卦象。找出用神爻支，依照本篇條例就可判斷吉凶。

不信的話，請繼續看下去，最後再看所舉之真實卦例驗證，您說是不是很簡單？

· **先分戀愛階段**：用神以世爻、應爻論彼此交往的關係。

1. 尚未謀面、尚未發生肉體關係之情侶，是用世、應關係來看感情發展，世爻是占者自己、應爻是對方。

2. 可參考 3.6 之生、剋、合、沖的意義，應用於感情卦中：
   世生應，我喜歡對方。世剋應我想掌控對方、肉慾之私。

世應相合，彼此心意相通。世應相沖，
彼此不睦。

（＊應爻對世爻關係一樣，請自行類推）

3. 動爻表示有實際行動，靜爻表示只有心
   意而已，暗動則行為在暗處表達。

   旺－表示其意願或行為的強烈。

   弱－表示其意願或行為的微薄。

4. 世應同五行，表示目前像是哥兒們一樣
   （無對沖時），平行的感情仍無交集。

5. 世爻本身為空亡爻支，我無愛意；世爻
   化出空亡爻，我已無感覺。

6. 世爻化退神，我逐漸變心；世爻入墓，
   我心已有所屬。

   而世爻若是入應爻的墓，則非對方不娶
   ／嫁。

7. 伏吟卦為感情困擾，反吟卦則彼此關係、
   感情反覆不定。

8. 日辰合應爻（與應爻呈六合關係），對
   方必有第三者。

9. 他爻來剋，則表示有人阻撓，可以依
   六親來判斷（如青龍父母為家中長輩反
   對）。

10. 世爻動化回頭剋，視為壓抑自己感情，
    或為自己付出的行為後悔。

＊例子：女占男，占對方喜歡我還只是放話而已？（世應階段）

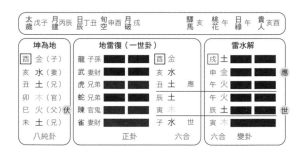

解卦：應爻為對方，持兄弟爻合剋世爻，日辰亦是丑日，因此應爻想跟對方親近，但為肉慾之私、掌控慾亦強，更持白虎（參照 2.7 六神辨象），此人會打女生，不交往為妙！

·婚姻階段：妻財爻、官鬼爻為用神看彼此行為關係，而世爻、應爻的則是看

心態。

1. 男占時，自己為世爻、妻財爻為女方、官鬼爻為情敵。若卦中妻財爻多現則表示自己目前有很多女友。

2. 女占時，自己為世爻、官鬼爻為男方、妻財爻為情敵。卦中官爻多現則自身有很多男友。

3. 女占時，官鬼爻下伏藏妻財爻，其男必有妻室。

男占時，妻財爻下伏藏官鬼爻，其女必有情夫（尤其伏在二爻時更是）。

4. 最佳得卦象：男生占卦時，世爻剛好持官鬼且地支為陽支（子、寅、辰、午、申、戌），應爻持財爻且地支為陰支。用神旺相，婚後各得其位、恩愛和諧。

5. 婚姻卦：日辰與父母爻作合，或日辰本身為父母爻，主成婚日期已選定矣。

6. 女占時，官鬼伏於妻財爻之下且相合，對象為有家室者。

7. 男占時，最忌兄弟爻為世爻，表示兩人之間有排斥不合（剋妻財）的現象或自身經濟狀況差（如上一個卦例）。

女占時，忌子孫爻持世，表示自身會對丈夫要求過高、不安於家庭之事、愛玩（子孫為玩樂之星）。

8. 男求婚：財爻生合世爻者，女必然同意；若財爻空亡動化空亡，或化退神者，女方必不同意。

9. 六沖卦動化六合卦，婚姻遲早會成，六合卦動化六沖卦，婚姻難成。

10. 占六親婚事，應以六親為用神。如占弟弟婚事，兄弟爻為兄弟本人，但由於兄弟一定剋妻財，所以此爻須旺、靜。

11. 世應之間的間爻為媒人、中間人。而專占媒人時以應爻看待，若六親為媒人，則以六親用神來看。

事情描述：分手月餘，男方拒絕聯繫，只有簡訊回答。他說目前有追求者，好像快在一起了。

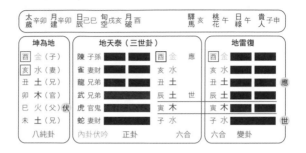

解卦：

1. 官鬼爻伏吟，對方躊躇不前，動如不動。

2. 卦中妻財為情敵，日辰沖起為暗動，就可以生合官鬼爻。日辰沖空，所以男方應該快與情敵在一起了！（出空後的巳日就會正式在一起了）

3. 世爻持兄弟爻，伏吟，動如不動，自己很痛苦。

4. 對方心態：應爻日沖為月破，對方心態

已經看破這段感情了。

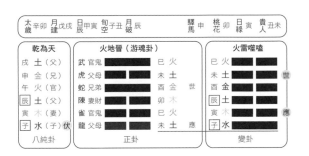

解卦：

1. 卦中官鬼爻（老公）有二，分別是二
   爻朱雀與六爻玄武，因為都是同一地支
   （巳），因此說的都是同一個人。這裡
   透露老公的個性為很會說話的朱雀與不
   太正派的玄武（參閱 2.7）。

2. 女占時，妻財爻是男方情人。日辰妻財

爻來生官鬼爻，又無制化之爻可施力（同
為日、月為大），因此是有外遇之相！

3. 世爻持酉無法剋制日辰財爻（參閱2.8），
   因此占者管不到小三。

4. 三爻勾陳財爻沒有動，且地支不同於日
   辰的寅財。因此推斷此次外遇對象不是
   相識已久的老情人。

5. 世爻絕於日，但有動爻與月令來生，算
   是絕處逢生，表示有不會被小三打倒的
   決心（參閱3.9）。

6. 卦中世爻、官爻沒有生合關係也沒動，
   表示夫妻互動也有問題。

4.2 產育子息占——針對生產預測、保母、月子中心的選擇

　　在少子化的現代，每個小孩都是爸媽的寶貝。我們想知道有無懷孕？胎兒的產期、健康順產否？也想知道終生有無子嗣命？甚至看了保母、坐月子中心屢屢出事的新聞報導，我們也想知道可否挑選這個保母、這家醫院、月子中心等。

　　自己卜個卦，使用本書介紹的方法排出卦象。找出用神爻支，依照本篇條例就可判斷吉凶。最後再看所舉之真實卦例依樣判斷，您說是不是很簡單？

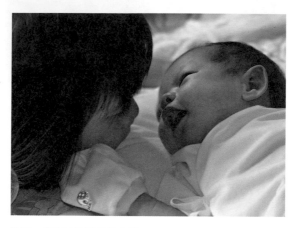

孩子，我要給你最好的照顧！

1. **丈夫占妻子**：以妻財爻為老婆，子孫爻
   為嬰兒。

   妻子自占：世爻為自己，子孫爻為嬰兒。

   母親占女兒生產：子孫爻為嬰兒不為產
   婦，若要占產婦凶危則需再指定重占。

   子占母生產：兄弟爻為胎兒，父母爻為

母親，父母爻宜旺、靜。

2. 占胎孕有無，以子孫爻來斷，子孫爻於卦中旺相休囚與否？真空、假空、真破、假破？

3. 已知有胎孕，占懷孕吉凶，子孫、用神動化官鬼是有麻煩小產之象。子孫爻被剋、沖也一樣。

4. **丈夫占**：休囚之白虎子孫爻、白虎妻財爻，都是血光之象。

5. 占終生子嗣有無，一樣是看子孫爻，旺相化回頭生、化進神有子必多。若休囚逢墓絕、用神化官、化父母回頭剋、父母爻動剋子孫爻，都是無子之象。

6. 占產孕有無，與嬰兒性別都要另占。占生男生女，坊間共有三法，學者要自行

選定、慣用一法。

其一：子孫爻地支陽支為男、陰支為女；
但逢沖則男女顛倒。

其二：黃金策總斷說，端看子孫爻陰陽：
陽爻為男、陰爻為陰。

其三：取變爻斷之，陽動化陰（女兒）、
陰極化陽（兒子）。

＊但已經經由醫院超音波得知性別者，
請勿試卦，非但不敬且不準。

7. 臨產怕合不怕沖，合住很難出來（三合、
六合）。臨產時若遇白虎動、世爻動（自
占）都是快生了之象。

8. 占小孩之後好養否，需另占，與產期安
全無關，不可一卦多看。

9. **子孫爻合之太過**：二重合或入墓又逢合，

則主難產（可建議剖腹產）。

10. 女占懷孕有無，世爻持子孫，明現已受孕，若遭沖剋，則小心不保（建議使用安胎符或其他安胎手法）。

11. 占坐月子中心好壞，未決定以應爻為主，應爻要生合世爻，不能有玄武持兄弟剋財（索價高）。

   若已選定月子中心時，以父母爻（保護我之意，產婦自占）為用神，父母爻要旺相為佳。

12. 占保母好否，未請以應爻為主，已請則用父母爻，若為六親關係則以六親為用神。占外傭未請用應爻，已請要用妻財爻（供我驅使）為用神。

   占保母、外傭，小心兄弟爻動剋財，會

盜物。父母爻動剋子孫爻，會打小孩！

13. 占母乳足夠否？自占以財爻（乳汁多寡）與世爻強弱（身體好壞）為用神。老公占則以財爻強弱（乳汁）為用神，兼看子孫爻（小孩）。

＊生產卦例一：女自占懷孕有無？

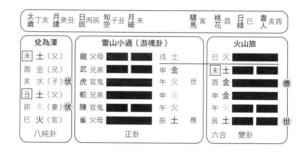

解卦：

1. 父母爻化巳火回頭生、日沖則愈旺，來

剋子孫爻。

2. 而且子孫爻亥水也無法出伏。

3. 結果：證實沒有懷孕。

＊生產卦例二：產婦占在某坐月子中心好嗎？

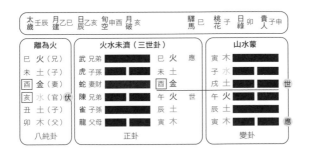

太歲 壬辰	月建 乙巳	日辰 乙亥	旬空 申酉	月破 亥			驛馬 巳	桃花 子	日祿 卯	貴人 子申

離為火	火水未濟（三世卦）	山水蒙
巳 火（兄） 未 土（子） 酉 金（妻） 亥 水（官）伏 丑 土（子） 卯 木（父）	武 兄弟 ▅▅▅▅ 巳 火 應 虎 子孫 ▅▅ ▅▅ 未 土 蛇 妻財 ▅▅▅▅ 酉 金 陳 兄弟 ▅▅ ▅▅ 午 火 世 雀 子孫 ▅▅▅▅ 辰 土 龍 父母 ▅▅ ▅▅ 寅 木	寅 木 ▅▅▅▅ 子 水 ▅▅ ▅▅ 戌 土 ▅▅ ▅▅ 世 午 火 ▅▅ ▅▅ 辰 土 ▅▅▅▅ 寅 木 ▅▅ ▅▅ 應
八純卦	正卦	變卦

解卦：

1. 應爻持月令，日辰沖剋，此為暗動。且應爻與世爻同五行，占者很喜歡這間坐月子中心。

2. 暗動之巳爻兄弟能剋財爻，但是財爻化回頭生，表示索價高但產婦認為錢不是問題。

　　結論：收費頗高但是能照料寶寶，產婦自己亦喜歡。

4.3 詞訟占——官司結果預測、聘律師、證人證詞的看法

　　古云：「案上一點墨，民間千點血。」一般人對於跑法院是敬而遠之，但是有時是非自己找上門，躲也躲不了。而官司訴訟一旦開始，往往曠日廢時、索費不貲；

若時運不濟最後打輸了，就會想說「早知道就私下和解或不提訴訟算了」。

用卜卦來判斷官司成立否、訴訟能贏否，乃至於聘請律師的良莠等等，都是可行的方法，有機會使用到的讀者們可以試驗看看。

1. **用神取法**：自占官司時，世爻為我、應爻為對方、官鬼爻為是非、官方。世應之間的兩爻（間爻）為證物證人、中間人。

卜律師時，尚未聘請用應爻，請了之後用父母爻，視其旺衰與世爻的關係看良莠。

2. 卜官司卦不喜見六合卦，合則官司成立。

3. 世爻、應爻同五行，有和解之象，但同

五行時世應不宜沖，彼此不對盤。

4. 子孫爻為官鬼的剋星，因此世爻持子孫爻旺相，則有官訟不成之象。反之，若官鬼爻旺相，則官司必成立。

5. 應爻持父母爻若動，則他已行動備文書準備告我之意；若父母爻化回頭剋，則對方證據不足。

6. 應爻持妻財動，則須小心對方行賄買通。

7. 欲斷我與對方誰勝訴，則需比對世爻與應爻之旺衰而定。如：世旺應衰，世剋應則我勝。

8. 反吟、伏吟、官爻旺相、世應相沖等，有官司纏訟很久之象，若條件可接受則建議私下和解。

9. 世爻持財爻被日辰沖動，則有用錢和解

之意。

10. 若跟六親打官司，則需以六親為用神：世爻 vs 父母爻（長輩）。世爻 vs 兄弟爻（兄弟、朋友）。世爻 vs 子孫爻（晚輩）。

11. 開庭、宣判日之月、日也要做為用神旺衰之參考。

> ＊詞訟例子一：想詢問我目前所遇到的官司，是否可以被判無罪解脫？

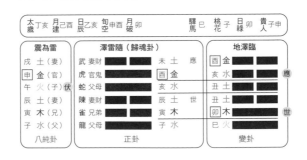

（下次開庭日期為庚戌月、己丑日）

解卦：

1. 世應比合同五行，彼此都有和解意願。

2. 開庭日之伏神子孫可出伏，視同動爻且旺相，因而此日之官鬼爻在卦中為一生一剋，入日墓，當日無官非之象。

3. 父母爻化回頭剋，於開庭日為死絕，因此也有起訴書不成立之象。

4. 兄弟爻進神剋世財，已花了一筆錢了！

　　結果： 當庭宣判緩刑。

＊詞訟例子二：占自己一個人去某健身會館，是否可以順利解約？

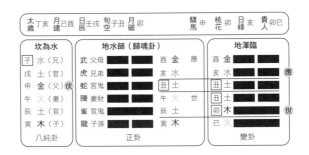

解卦：

1.應爻旺相，對方姿態高。

2.寅午戌三合局剋應爻，所以建議午時去，多點人更好（因為午有出現、無動，所以找午時來填實）。

結果：對方頗刁難，自己又帶了個女性友人陪，最後順利解約。

4.4 鬼神占——多夢魘、卡陰、病驗不出原因等看法

　　對於世上有無鬼神的爭論一直不間斷，但對中國人而言慎終追遠、禮敬天地的習俗還是佔了大多數。

　　有關於鬼神之占筆者卦例不少，很多是小孩行為異常，找不出原因後前來問卦。而這些多數是需要收驚、制煞等手法處理。說也奇怪，多數都能獲致改善；就跟管理學上說的：找到原因後，問題就解決一半了！

人其實是與天地間所有有形無形的眾生共處。

1. 要確認是否有鬼神之事，若卦中世爻持
   官鬼爻旺相、子孫受傷或不出現等，皆
   為有此一事。

2. 已知有鬼神之擾時，以卦首八宮與官鬼
   之地支推其地點，且欲知鬼神之男女、
   老幼都要分占。

3. **黃金策內文參考**：若在乾宮，必許天燈
   斗願（點燈斗願未還），如居兌卦，定
   然口願傷神（口頭許願未還）。坎是北
   朝（水鬼、水神、五行屬水神明、北方
   鬼神）。艮則城隍宅土。離為南殿（南
   方鬼神、火燒之鬼）。坤則土地、墳陵
   之事。震為樹神，或杖傷之鬼。巽為縊
   死之鬼，或跌死之陰人。值勾陳，必有
   土神見礙；如臨朱雀，定然咒詛相侵。
   值白虎為血神，值玄武則死於不明之鬼；
   青龍善願，螣蛇則犯乎施相之神（**易冒**：
   水類之神鬼，但我認為是冤親債主）。
   依地支五行判斷：金乃傷司，火定竈神
   香願；木為枷鎖，水為河泊之神。若見
   土爻，當分厥類（土煞分類，查看動工

135

三煞、年宅紫白飛星判斷）。

4. 官鬼入墓乃伏屍為禍，官鬼入財爻墓則藏神不安（所收藏的神像為害，一般會頭痛）。

5. 修造動土，必然煞遇勾陳；口舌起因，乃是土逢朱雀（土官逢朱雀，動土時有詛咒之事）。

6. 水爻支在初爻為官鬼爻為井神、豆腐屍。火爻官鬼臨二位為干司命（灶神）。若在門頭（第三爻），須犯家堂部屬（廳堂）；如臨道上（五爻），當求五路神祇。四遇世沖（第四爻，沖世），鬼必出門撞見；官鬼在六爻逢月合，則於遠地纏碰上。

7. 配以六神結合六親之斷法為準，如青龍

父母為自家亡之長輩。

8. 已知有鬼神為禍時，另占官鬼臨絕，為無人祭祀之鬼神，若又持青龍可能為倒房之祖先。

9. 官鬼入墓剛好又為日辰沖墓時，也可能是先人葬不好之象。

10. 官鬼爻在二爻動，住居不穩，風水有異。若剛好在應爻，則朝向不通（房屋朝向處有阻）。

11. 官鬼在第三爻，剛好是空亡的朱雀，為無香火之堂，當要祭拜。

12. 官鬼若逢玄武、螣蛇又是動爻，則有不祥之禍。

*鬼神例：某人占問上次訪問學生家，聽到不明
的警告聲，是他們家中的玄天上帝造成的嗎？

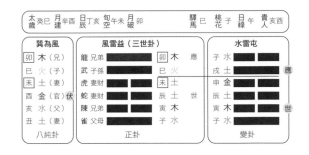

解卦：

1. 看官鬼爻，此卦官鬼伏藏，看來不是。
   而月令有出現酉官，日月為大，此玄天
   上帝為正神。

2. 而卦中的三爻伏藏的騰蛇酉官，三爻為
   門戶、在家為大廳。

3. 騰蛇為陰司之事，所以伏藏在家中的冤

親債主才是聲音的主人。

4. 第六爻兄弟爻動，會破財，也明示要佈
施行善之意。唯子孫爻巳火暗動，所以
占者理應沒事。

　建議：持藥師佛咒、多行善事迴向。

4.5 失物占——東西遺失、何處尋找、能否找回之預測

警政署失物招領網

　　人們常東西隨手一丟，待要用的時候才臨時找不到；或是寵物走失、財物遭竊等。像這樣的情形我們如何能利用卜卦得知是否能順利找回？或需另辦證件、或是要報警，比起埋頭找不到生悶氣來得正面多了！

1. 東西不見占之，不一定以妻財爻為用神，要視物品用途而定。比如寵物走失則以子孫爻為用神、證件遺失以父母爻為用神。

2. 六合卦尋之易、六沖卦尋之難。但仍須看用神旺相與否而定。

3. 用神財爻正好為空亡、月破，要判斷為真假空？ 破為真假破？ 若是真的受傷，則此物尋不回。 而逢破極可能物品尋回時已破損、拆解了。

4. 用神旺相，生世爻、合世爻、生合世爻，一定找得回。

5. 用神妻財爻化回頭剋物難尋回，在旺相日內看能否尋回，否則就是永遠不見了。

6. 用神財爻宜靜不宜動，動則失物變動位
   置。財爻靜、持世、生合世爻，主物品
   尚在原處，尋之易得。

7. 用神財爻動，但被日、月合住，主有物
   品遮蓋，或由他人取走（以六親斷之）。

8. 用神財爻旺在本宮（卦首之卦內）或內
   卦（1～3爻），其物仍在我家、我處。
   財旺在他宮或他卦，物在外處、他處，
   較難尋獲。

9. 兄弟爻動（財爻為用神時）就是有人偷，
   除非動化回頭剋、化無效之退神。

10. 用神財爻旺相入墓、化墓或伏墓，此物
    隱匿，出墓後可見。

11. 遊魂卦此物在游移中，能否尋回仍要看
    用神旺相否，可能是他人隨意取走或自

己忘了位置。

12. 另占問賊在何方，則以兄弟爻（忌神）地支為方向，失物在何方看財爻（用神）。

13. 若為強盜、搶奪事件，則賊人為官鬼爻，此時子孫爻為警方。若為偷竊、順手之事件，此時兄弟爻為小偷，官鬼爻為警方。

14. 應爻持用神而世爻合之，乃是自借於人而忘了。

15. 用神爻支之墓，乃是平時藏物之所，此地支化回頭剋，乃是此處已搜到爛了。原神受日沖脫，乃是平時可找之處都已被搜過、搬動過一遍了。

16. 世爻動入日墓，自己已懶得再尋找了。

世爻動化回頭剋，自己已不再找了。

17. 偷竊事件，官爻動、暗動都行，一定要
　　報警，捉得到小偷。

> *失物例子：重要文件丟到哪裡去了呢？還能找
> 回嗎？

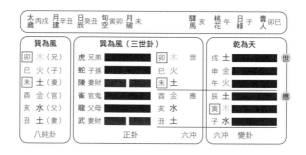

解卦：

1. 大象化回頭剋（巽木化乾金，金剋木）
　不吉之象。

2. 用神父母爻多土剋盡，已然找不回。

結果：根本找不到，已放棄，該文件從頭再做。

＊失物例子二：占問摩托車鑰匙在哪裡？能找回否？

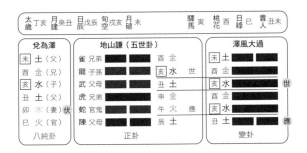

| 太歲 丁亥 | 月建 癸丑 | 日辰 戊辰 | 旬空 戌亥 | 月破 未 | | 驛馬 寅 | 桃花 酉 | 日緣 巳 | 貴人 丑未 |

兌為澤	地山謙（五世卦）	澤風大過
未 土（父）	雀 兄弟 ▅▅ 酉 金	未 土 ▅▅
酉 金（兄）	龍 子孫 ▅▅ 亥 水 世	酉 金 ▅▅
亥 水（子）	武 父母 ▅▅ 丑 土	亥 水 ▅▅▅ 世
丑 土（父）	虎 兄弟 ▅▅▅ 申 金	酉 金 ▅▅▅
卯 木（妻）伏	蛇 官鬼 ▅▅ 午 火 應	亥 水 ▅▅▅
巳 火（官）	陳 父母 ▅▅▅ 辰 土	丑 土 ▅▅ 應
八純卦	正卦	變卦

解卦：

1. 鑰匙以財爻為用神，卯財伏藏，飛神化回頭剋，因此伏神強過飛神、伏神可以出伏之象。

2. 可出伏受變爻亥水、世爻之亥水生之，

旺相所以可以找到，出伏日為卯日或子日，子日先到。

3. 伏於二爻內卦，是在常出入之處、我處、我宅。伏官爻下是否為丈夫的車子、衣物內（丈夫有關）。

4. 兄弟爻不動：無人拿走。

結果：於老公車子座墊下尋獲。

4.6 陰宅占——祖先墳塋、風水穴地、地理師良莠之占

　　古人重視喪葬風水，孝親追遠，因此墨家提倡「節葬」。今人重視陽宅居住風水，而先人骨骸多是火化進塔，因此也少有喪葬風水之感應，筆者認為這樣較符合

147

「公平原則」，後代好壞全憑子孫自己努力。

　　坊間地理師功力參差不齊，花了大錢卻反而壞風水、壞方位，因此事先或事後用卜卦驗證是否得宜、要遷葬等，都是較不勞民傷財的有效做法。

1. 古時陰宅都是土葬，現在火葬居多，條例有很多不適用了。

　　陰宅可分為已葬（含未葬但已選定分金者）、還在選地中未葬等兩種情形：

未葬：以世爻跟子孫爻為用神。世爻為穴場，子孫爻為後代子孫，應爻為案山，官爻指亡人。世爻、子孫爻旺相有氣沒有六沖，則此為可葬之地、分金。

已葬：以父母爻為墓地。

2. 世爻為穴場，一定要看，不能真空、真破、回頭剋、受沖剋、伏反吟。受沖剋表示有形煞。

3. 三合、六合主藏風聚氣，但不能剋世，且有真空、真破等傷剋情形。
   六沖表無法聚氣，穴場有破。但若世爻旺相，仍非大凶，仍需另擇地。

4. 因為應爻為案山、世爻為穴場，因此間爻為明堂。**間爻旺相表明堂寬闊**：心胸大，賺錢也較多。

＊而間爻靜旺較為佳，靜者聚、動者洩。

5. **占地形地勢**：青龍左畔、白虎右畔、朱雀明堂案山、應爻案山、六爻為水口、螣蛇為道路、玄武為後山、勾陳為龍脈，旺相生世者吉。

6. 應爻剋世，案山略高、世爻剋應，案山
   不高。應爻宜旺（衰則不高，受剋表崩
   塌破相）、靜（動則不正有缺口）。

7. 官鬼爻無氣但生世，非此墓蔭我。 世爻
   無氣，但官爻有氣生合我，墓必蔭我。

8. 官爻真空，屍骸毀損、腐爛或墓中無屍
   骸。

9. 卦中無官、遊魂卦，乃是魂不入墓。卦
   中無官鬼也表示墳地無地氣。

 *無地氣之地如很多大石頭（河床）之地、來脈
  被路切斷、寸草不生之地等。

10. 官鬼爻於坎卦中，又被重重水爻支剋
    合，可能屍骸泡於水中（豆腐屍）。

11. 子孫爻為後代子孫，若不上卦，表示
    以後無人祭祖、掃墓（此時建議入塔

吧！）。

12. 占是否要遷墳？看世爻世爻旺相未受
傷者，尚有氣不必遷。

子孫爻動生財爻，仍為發財之地，不必
遷。父母爻動者必遷。

世爻動者、世應相沖者，也要遷。六沖
卦、遊魂卦也要遷。

13. 占地勢青龍左方、朱雀前方、白虎右方、
玄武後方四方，有一方為空、破、絕，
便知此處有問題。土爻支為山、水爻支
有水，與世有關係式者斷之。

14. 占地理師取用神，未聘為應爻，已聘為
父母爻，看其旺衰判斷可聘否。

15. 採火葬一樣，未入塔但已選塔位與方位：
世爻與子孫爻旺相即可。

16. 讀者不妨思考一下，現在都是火化後放於靈骨塔中，當然一些地勢條例都待考。因為一些靈骨塔就在平地中。靈骨塔影響子孫吉凶微乎其微，重點應該是問亡者，選這位置祂滿不滿意？此時用神為關鬼與兼看應爻（該塔位）。

*例子：某男占問祖墳風水對自身有何影響？（祖母月前剛葬於祖父舊墓中）

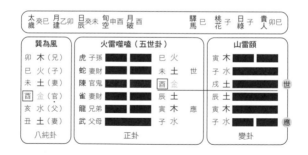

解卦：

1. 已葬之墓，看父母爻。父母爻日剋、動爻來生，生剋力量打平，墓地無不妥。

2. 占對自己吉凶，此時世爻為自己，世爻月剋日比旺，父母爻無生、無剋，因此斷祖墳無影響。

3. 官爻空亡、月破要填空，應期為酉月，如此新葬的墓才較為有氣（官爻也指亡者，空亡表示祖母魂仍未入墓，仍未習慣）。

＊例子：占某地做墳其風水如何？

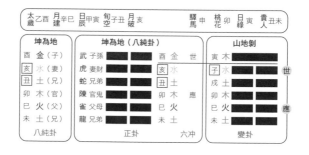

解卦：

1. 未葬看世爻與子孫爻，世爻恰為子孫爻：
   酉化寅，化絕於變爻。巳月寅日為休囚
   受剋。且子孫化官鬼，葬之有事。

2. 本卦是六沖卦，應爻受世爻沖剋，案山
   有破（或是穴位對面），飛沙走石氣不
   聚。

3. 卯木山形可能是直長形，且穴位處高於
   對面，世剋應（其實若對方已知，這不
   一定會是，尤其已知此地為平地時）。

4. 間爻白虎財爻為真破，明堂可能有缺陷
   （朱雀併月令來剋世爻，更確定明堂有
   缺陷，持火，葬後可能有火災）。

5. 其餘青龍、螣蛇白虎與世爻都無關係式，
   因此不用論地勢。

6. 若為山區，六爻則視為水口。因為持玄
   武化絕，因此有可能真的是水口無關鎖，
   水流一去不回頭，此地形會應驗破財。

7. 玄武又為後靠，代表後代子孫，此卦既
   然知道子孫爻不好，因此若在山區，可
   斷來龍無勢、無靠、無氣。

4.7 家宅占——陽宅風水、家內大小事之看法

　　所謂:「一命、二運、三風水。」人

畢竟是環境下的產物,因此居住風水的好

壞著實會影響吉凶。若是懷疑住的不舒服,

利用卜卦來確認是否為住家風水的問題,

不失是個方法。至少不用先花一筆大錢請風水老師到家勘宅，甚或是被學藝不精的老師所誤。我們先依照所列的條例看下去，再看實例的解卦法。而讀者看完之後不妨卜一支自家的風水好壞卦來看看！

1. 一般占家宅以父母爻為用神，而又有以第二爻為宅爻的說法。我們斷卦時仍須以父母爻為用神，而二爻則為輔助用神（甚或不看，如果父母爻已能看出吉凶）。

*父母爻為房子本身的格局，二爻為房子之方位坐向。

2. 因此，占房子外在形家環境時，六神結合父母爻可以斷：青龍為左、白虎為右、朱雀為前為明堂、玄武為後靠。青龍真

空，表示房子左邊空、無靠，餘仿此。

3. 世爻為占卦者，因此，父母爻持世、生世、生合世爻，世爻動化父母爻等，皆為合適之宅（當然世爻亦要旺相）。

   世爻與父母爻、二爻成六合，都旺相則為好宅。

   若彼此為六沖，則為不久之兆（可能轉手賣出、搬家或其他）。

4. 占卜房子的吉凶，有六親生剋上邏輯之問題，比如說發財之宅一定會剋長輩？所以占這種卦要另占，比如說入住後財運如何？長輩睡長輩房之吉凶如何⋯⋯等等。然後再看第一支卦的妻財爻、第二支卦的父母爻旺衰與否來判斷。

5. 官鬼爻為禍害，卦中無官乃無氣，必破

耗錢財、多風波口舌，因此要出現且衰
弱。

6. 用神、父母爻伏於官鬼下，必有多阻
（病、訟、麻煩，可搭配六神、地支生
肖斷之）。如白虎兄弟地支寅，可能是
屬虎的兄弟有病痛、官訟。

＊若是會看陽宅風水，則可看形家斷之，如朱雀
開口（屋前明堂有煞，則官訟機率高）。

7. 施工修造時，不知從哪方敲打起，則可
卜一卦，五行生世方、子孫方動土無礙，
不可用剋世方、官鬼方。而若是已知從
何處開始施工，則可卜吉凶如何，看的
是世爻、子孫爻旺相來判定。

＊最好配合陽宅法則，該年三煞方、歲破方、太
歲方不要動。而太歲方若為吉方則可動。此外

三合派的該年五黃方、的煞方（五黃對宮）、
戊己都天都有限制。

8. 卜卦占房屋何時動工為吉，則父母爻為
日期，以旺世爻的地支選起。

＊此處最好配合正統擇日法則，因為有坐向、家
中所有人的生肖等考慮因素。

9. 占該房可買否？世（自己）應（房子）
比合主家平安。世爻、二爻持財爻，子
孫動生之，則為發財之宅。

10. 占居家風水有無問題時，先占是否為風
水之故？看官鬼爻之旺相判斷。

11. 承上，而確認後則再另占是何問題？
例如：五爻或螣蛇沖三、四爻，為路
直沖門。三、四爻為門戶，若多為兄弟爻，
主門戶多。又例如：兄弟爻旺動剋財：門
窗多、位置錯置，多耗財、口舌。

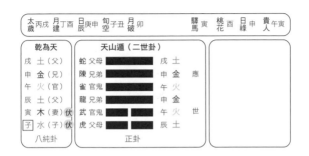

＊家宅占例：某女占買此房屋吉凶如何？

| 太歲 丙戌 | 月建 丁酉 | 日辰 庚申 | 旬空 子丑 | 月破 卯 | | 驛馬 寅 | 桃花 酉 | 日祿 申 | 貴人 午寅 |

乾為天		天山遯（二世卦）	
戌 土（父）		蛇 父母 ▅▅▅▅▅ 戌 土	
申 金（兄）		陳 兄弟 ▅▅▅▅▅ 申 金 應	
午 火（官）		雀 官鬼 ▅▅▅▅▅ 午 火	
辰 土（父）		龍 兄弟 ▅▅▅▅▅ 申 金	
寅 木（妻）伏		武 官鬼 ▅▅ ▅▅ 午 火 世	
子 水（子）伏		虎 父母 ▅▅ ▅▅ 辰 土	
八純卦		正卦	

解卦：

1. 一卦之中連同日月共有兄弟四現，此屋耗費過高！

2. 世爻持官鬼休囚，有為結婚而購屋之象！然而世持官鬼，亦非購屋之吉象！

3. 應爻持兄弟極旺，對方來意不善，抬價太高！

*家宅占例二：某女自占買此房對自身財運吉凶如何？

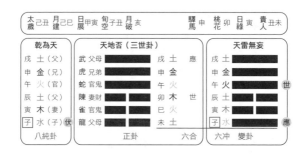

| 太歲 | 己丑 | 月建 | 己巳 | 日辰 | 甲寅 | 旬空 | 子丑 | 月破 | 亥 | | 驛馬 | 申 | 桃花 | 卯 | 日祿 | 寅 | 貴人 | 丑未 |

乾為天	天地否（三世卦）	天雷無妄
戌 土（父）	武 父母 ▬▬▬ 戌 土 應	戌 土 ▬▬▬
申 金（兄）	虎 兄弟 ▬▬▬ 申 金	申 金 ▬▬▬
午 火（官）	蛇 官鬼 ▬▬▬ 午 火	午 火 ▬▬▬ 世
辰 土（父）	陳 妻財 ▬ ▬ 卯 木 世	辰 土 ▬ ▬
寅 木（妻）	雀 官鬼 ▬ ▬ 巳 火	寅 木 ▬ ▬
子 水（子）伏	龍 父母 ▬ ▬ 未 土	子 水 ▬▬▬ 應
八純卦	正卦　　　　　六合	六沖　變卦

解卦：

1. 世爻持財爻表此卦有用心，對月休囚、日辰比旺，算是還可以 。

2. 六合化六沖卦，終為散也（事後也沒有買這間）。

3. 一爻父母爻生五爻白虎兄弟，白虎旺後受日沖為暗動，暗動後來剋世爻，本來

想說是地基主希望屋主來祭拜，否則應有血光或傷害之事。後來查到是因為此地為 RCA 工廠舊址，所以土壤水質等毒害尚存。難怪是一爻（地基）化子水催使白虎來剋世爻。

4.8 疾病占——生病吉凶、病因病狀、醫生藥物、生死預測

　　關於生病一事，所謂病從口入，禍從口出；人吃五穀雜糧，一定會因吃錯東西而得病，這是大家都承認的事。而中醫將

情緒與個性行為的關係也多做聯繫，再加上意外與流行性感染等等，在學理上幾乎都能將之分類。

　　目前醫療雖發達，但是亦常有誤診、用藥無效等情形，所以才有「病人福、先生緣」等說法產生。我們要避免這種情形，不妨考慮卜卦確認，尤其是重大決定時（如：是否要開刀？換醫生？），才不至於六神無主，做錯決定、抱憾終生。

1. 自己占卦時，世爻為用神，占六親病以六親為用神，因此不是說藥效好，占上司的病就不會好（子孫爻剋官鬼爻），要小心邏輯上的問題。

2. 占醫生未就診時以應爻為用神，已就診時以父母爻為用神，取其旺相為用但不

可動剋世爻，除非世爻持官鬼時。

而父母爻動主藥無效用，是指專占藥有效否之卦（五行中，父母爻一定剋子孫爻），其理如上述。

3. 妻財爻表飲食，財空吃不下，財爻入墓消化不良。

4. 子孫爻指藥物，子孫休囚官爻旺，藥輕病重。另占要何處找有幫助之醫生、尋藥之方也是看子孫爻旺相之方，比如在第五爻就找大醫院（五爻為天子位），例如持子水，則可找名字有水字邊的診所、醫生、生肖屬鼠的醫生。

5. 官鬼爻指病痛，不動即算。木官痠痛、火官發炎生瘡、土官黃腫腫瘤，如世爻過旺，則表示陰陽不調。

6. 女占,官爻持亥子水、玄武尤其於二、三爻,多女人病,比如月經不順之類。男占則是腎虧。

7. 占近病用神逢沖、假空、六沖卦,會痊癒。用神旺遇六合乃醫不好帶病延年。若遇六合且用神衰囚,則主情況危急。

（＊元氣已弱之老人、車禍等逢沖亦不好）。

8. 占久病用神忌逢沖,逢沖主危急。久病逢合死不了,用神旺相病痊癒,衰弱帶病延年,但仍不宜受剋。

9. **官鬼爻不現**：找不到病因,病難根治。

＊參考官伏何類六神之下、何爻位判斷之。官伏世下,舊病復發。官伏父下,勞心勞力。官伏兄下,爭吵激氣。官伏財下,財物女色、飲食。官伏孫下,藥物、房事、娛樂、菸酒。

＊部位可以用爻位來判斷，六爻為頭、五爻為肩頸、四爻為胸上腹、三爻為下腹屁股、二爻為大腿膝蓋、一爻為小腿腳板。

10. 用神入墓表昏沉，入墓且衰弱則不能言語。若原神亦衰弱，則為絕望之象。

11. 占自病忌官爻持世，易成宿疾。官鬼化進神、旺相則病情一天比一天重。

所以官爻要受剋不能死絕，才是解除之象，但仍然有病根在身。

12. 壽命卦除了看用神外，更重原神，原神旺相尚能維持，原神亦衰則一切休矣！

13. 口喉八卦分類為兌卦，屬金。因此火官動沖剋五、六爻財爻，則必表示口喉發炎、嘔吐（帶沖）不能進食。

14. 代占六親之病時，世爻持官代表憂疑，

喜子孫爻動剋去我之憂疑。憂疑去除有
兩種情形，用神旺則痊癒，用神衰則不
治。

15. 老年體衰之人，若用神過旺（4個含以
    上生旺）亦是不吉，有迴光返照之嫌。

16. 占此醫生可請否？或占去此醫院看病好
    否？ 占得官爻持世，子孫動而治之，
    則為吉卦。而子孫爻為應爻，旺相，此
    為高明之醫生，其不必動亦可。

17. 自占時應爻（醫生）剋世爻，為剋制我
    病也，但久病體弱之人其身亦受傷矣。
    應爻持兄弟爻（劫財）、官鬼爻（心態
    有異）剋世，要小心其人。

18. 卦中無妻財爻、財空、絕或用神入墓，
    均不思飲食。

19. 病都不好，另占鬼神作祟否？卦中無官、官鬼受制、子孫旺動，都是無鬼神之象。

20. **以地支判斷病因**：子為腎、寅卯為肝膽、丑未辰戌為胃、巳為小腸、午為心、申為大腸、酉為肺。

21. **以五行判斷病因**：火官加朱雀發燒。水官惡寒盜汗、夢遺。金官咳嗽氣喘。木官感冒風寒、痠痛。土官脾胃消化系統。

22. **以六神判斷病因**：玄武官為色慾過度，財物被盜而精神恍惚。**白虎官**：爭鬥受傷、開刀、筋骨、血症。**騰蛇官**：心神不寧、犯陰。**勾陳官**：脾胃、腫脹、跌打損傷。**朱雀官**：發燒、亂語、生氣煩惱。**青龍官**：酒色、酒食過度。

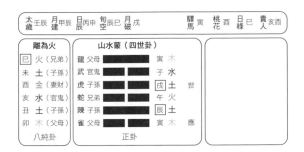

＊疾病占例一：上星期老婆身體不舒服，只是喝
水就會想吐、腹痛、沒食慾。卜上一卦看是什
麼問題（老婆自占）？

| 太歲 壬辰 | 月建 甲辰 | 日辰 丙申 | 旬空 巳辰 | 月破 戌 | 驛馬 寅 | 桃花 酉 | 日祿 巳 | 貴人 亥酉 |

離為火	山水蒙（四世卦）	
巳 火（兄弟）	龍 父母 ▬▬▬ 寅 木	
未 土（子孫）	武 官鬼 ▬ ▬ 子 水	
酉 金（妻財）	虎 子孫 ▬ ▬ 戌 土 世	
亥 水（官鬼）	蛇 兄弟 ▬ ▬ 午 火	
丑 土（子孫）	陳 子孫 ▬▬▬ 辰 土	
卯 木（父母）	雀 父母 ▬ ▬ 寅 木 應	
八純卦	正卦	

解卦：

1. 世爻持子孫，問題不大，但是對月為月
   破，六神又是白虎（生病痛苦無疑）！

2. 世爻在第三爻位，五行又是土爻支，因
   此我斷定為胃的問題！而且是月破胃潰
   瘍等破洞問題。

*疾病占例二：昨晚接到電話，岳父在家突然昏倒緊急送往榮民醫院（無法處理）又轉診到林口長庚醫院。老婆很擔心，趕緊卜上一卦看看情形有多嚴重？

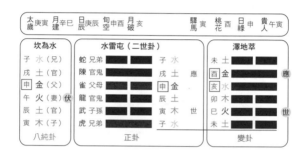

| 太歲 庚寅 | 月建 辛巳 | 日辰 庚辰 | 旬空 申酉 | 月破 亥 | | 驛馬 寅 | 桃花 酉 | 日祿 申 | 貴人 午寅 |

坎為水	水雷屯（二世卦）	澤地萃
子 水 (兄)	蛇 兄弟 ▬▬ ▬▬ 子 水	未 土 ▬▬ ▬▬
戌 土 (官)	陳 官鬼 ▬▬▬▬▬ 戌 土 應	酉 金 ▬▬▬▬▬ 應
申 金	雀 父母 ▬▬ ▬▬ 申 金	亥 水 ▬▬ ▬▬
午 火 (妻) 伏	龍 官鬼 ▬▬ ▬▬ 午 火	卯 木 ▬▬ ▬▬
辰 土 (官)	武 子孫 ▬▬ ▬▬ 寅 木 世	巳 火 ▬▬▬▬▬ 世
寅 木 (子)	虎 兄弟 ▬▬▬▬▬ 子 水	未 土 ▬▬ ▬▬
八純卦	正卦	變卦

解卦：

1. 用神父母爻，月剋日生，許之無礙。

2. 六神為朱雀又在三爻，推論正是心臟問題。父母爻化出亥水，卦中兄弟爻也動，都是化洩氣，目前虛弱需要休息。

3. 應爻官爻（原神）暗動也來生用神，表
　 示醫院正進行醫治行為，應爻位於五爻
　 表示為大醫院 。

4. 此例官爻有二，一為勾陳土官在五爻，
　 另一為青龍土官在三爻，表示此病為遺
　 傳，且已存在一段時間了 。

5. 一爻子水化官鬼回頭剋，初爻為腳，腳
　 部可能有水腫現象。

6. 用神正好為空亡，不受其他爻支生剋，
　 推斷申日即可實空，屆時應該可以出院
　 了。

老婆去醫院探視的結果：

1. 姑姑說是遺傳的心臟問題，且岳父以前
　 曾發作過。

2. 醫院說要檢查三天，沒問題的話可出院，以後再行追蹤。所以預估出院時間為星期四（甲申日）。

3. 老婆說岳父右腳已經腫起來了。

4.9 學業占——考試成績、申請學校、學習狀況的預測

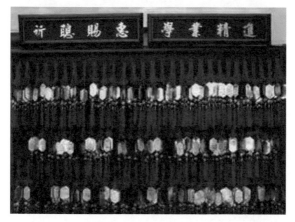

台南大天后宮祈求學業掛飾

　　我想亞洲國家的學生要完全避開考試是不可能的，而且甚至還要一路考到大。

從一般的學校考試、升學考試，一直到證照考試、工作資格考……等等。

關於考題的預測、學校能申請上否、考得上公職否……等等跟學校、考試有關的問題，答案就在這一小節裡。

1. 古時萬般皆下品、唯有讀書高，因此古書《黃金策》內容求名幾乎皆與求學考試一起看。求學考試以父母爻為用神；而有執照、工作性質的考試，其用神為官鬼爻。

2. 父母爻表示成績、分數、本事，旺相持世最吉。

3. 子孫、妻財爻持世，不利考試。

因為妻財爻剋父母爻，可能因為要賺錢打工，所以成績退步。

而子孫爻表休閒、愛玩不認真，更不利
證照、工作等性質的資格考。

4. 兄弟爻旺動不以吉斷，動則生子孫洩父
母，且表示競爭者實力堅強。

5. 占資格考時，官鬼爻、父母爻旺動但不
生合世，或世爻衰弱有病（真空、破等、
回頭剋），皆不能如願。
而官鬼、父母旺動若反去生合應爻，即
他人取得之。

6. 占資格考時，官鬼爻生合世爻必有考取
之兆，官鬼動剋世爻，小心凶禍（千萬
不要作弊，鐵被捉到）。

7. 占資格考時，若父母爻休囚，但官鬼爻
旺相生世，實力不足但考運好，能矇上。

8. 占工作考試（如公務員），其薪水高低

應該要另占，因為有六親邏輯問題。

9. 占自身學業時，世爻受生而父母爻受剋，本身聰明但不讀書。

   而父母爻受沖散者，可能無法拿到證書（肄業或輟學）。

10. 占六親當以六親為用神，例如代問小孩申請學校之事，則以子孫爻為用神，應爻為該校（若應爻為朱雀父母爻，則是名校無疑）。

11. 自占考試時，父母爻動剋世爻，考題陌生自己不會。

12. **占求學卦**：父母爻動沖剋用神，是學業壓力大，自己受不了。

13. 占考題，可以指定問，比如第三章的內容會考嗎？ 父母爻若旺相就會考。

14. 占考題，父母爻旺相為常考之大題目，

　　父母爻合世爻：自己已做過之題目。

*學業考試卦例一：某女自占能否考回新竹某高
中任教？

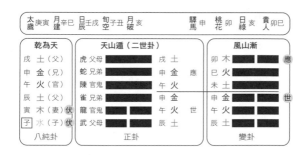

| 太歲 庚寅 | 月建 辛巳 | 日辰 壬戌 | 旬空 子丑 | 月破 亥 | | 驛馬 申 | 桃花 卯 | 日祿 亥 | 貴人 卯巳 |

```
乾為天                天山遯（二世卦）              風山漸
戌 土 (父)      虎 父母 ▅▅▅▅▅  戌 土        卯 木 ▅▅▅▅▅        應
申 金 (兄)      蛇 兄弟 ▅▅▅▅▅  申 金 應      巳 火 ▅▅ ▅▅
午 火 (官)      陳 官鬼 ▅▅▅▅▅  午 火        未 土 ▅▅ ▅▅
辰 土 (父)      雀 兄弟 ▅▅▅▅▅  申 金        申 金 ▅▅▅▅▅        世
寅 木 (妻)伏    龍 官鬼 ▅▅ ▅▅  午 火 世      午 火 ▅▅ ▅▅
子 水 (子)伏    武 父母 ▅▅ ▅▅  辰 土        辰 土 ▅▅ ▅▅
八純卦                正卦                      變卦
```

解卦：

1. **世爻持官鬼**：此卦有專心。世爻月比旺、
　　入日墓：實力算不錯，但擔心考不上。

2. **兄弟爻表競爭者**：玄武父母爻暗動來生
　　兄弟爻，此為從官爻開始的連生（官鬼

→父母→兄弟），且世爻併入官爻午火
中，被當作「舞台背景」犧牲掉了（名
額內定）。這分明是花錢疏通買考題，
或是有後台的卦象！

　　結果：此校之前就聽說風評不好，果
然放榜沒上（官鬼生父母再生應爻）。

＊學業考試卦例二：朋友自問自己會不會進入外
**　交特考第二階段？**

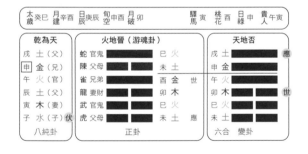

解卦：

1. 公務員考試取用神官鬼爻，此卦官鬼對
   日月皆不旺，難有希望。

2. 父母爻旺動來生世爻，分數不差、實力
   也有，但是終難考上。

3. 世爻假空，代表信心不足。簡言之，題
   目有做過，但是考運不好，不會考上。

4.10 事業占——求職順利、
工作環境、薪資福利的預測

　　一般人出了社會後，找份穩定、適性
的工作是十分重要的一件事，甚至之後想
換份工作，同時應徵上幾家公司想選一家
就職時，這時以卜卦來做抉擇是個建議的

方法。我們從以下的條例中，可以判斷能否應徵上、工作福利、環境等資訊。

1. 當先找工作性質而定用神，一般工作通常公司是來限制我的，所以採用官鬼爻為用神，但是實則不是所有工作皆如此，如勞力工作，則以父母爻為用神。當道士則以子孫爻為用神。

用神、行業性質取法：

　　妻財爻：買賣、商業、現金行業（如匯兌、零售）、開店。

　　子孫爻：幫客戶解決困擾的（如：五術行業）、歌唱演藝、慈善、娛樂週刊、宗教。

　　父母爻：學術研究（如：教授）、勞

力類、照顧類（如：保母）、神父、研究
經論的和尚。

　　官鬼爻：受到約束性的事業（如一般
有制度的公司）、軍警、公務員、律師。

　　兄弟爻：技術性質工作（如修理鐘錶
員）、朋黨性工作（如：流氓）、騙子。

2. **求職占**：一般工作求職以官鬼爻做用神，
　 世爻持官、官爻生合世爻、世生合官爻，
　 都有成功機會，但官鬼爻沖剋世爻主難
　 成。

3. 世爻持兄弟爻，此份工作薪水不高。世
　 爻持官數個財爻來生合，則工作有外來
　 酬金。

4. 官鬼生合世，但自化退神，是名額有限
　 而不採用。

官鬼化入墓、入日墓時，是名額已滿，不
　　能上任。

5. 官鬼剋世爻，而世爻衰弱，是自己能力
　　不足。世爻化退神是臨陣脫逃。

6. 官鬼爻動生世爻，但是有他爻合住官爻，
　　則有人搶走此工作。

7. 卦中有數個官鬼生合世爻，則表示身兼
　　數職，但若財不旺就為「苦勞」。

8. 應徵時，六合主成，六沖主散。

9. 官動剋世，工作辛苦酬勞低（此時世一
　　定持兄弟爻）。

10. 應徵時，官爻暗動而去生世，有人暗中
　　　幫忙或走後門。

11. 官鬼為用神時，世爻持子孫爻，則為不
　　　想求職或不想要這份工作。

12. 世持妻財爻化進神，子孫爻動來生世，
   則表示目前工作收入不錯，不想認真求
   職。

13. 選行業類別，以世爻為主，可採生世、
   旺世的工作（參考《算屋》一書的五行
   行業分類）。

14. 專占工作環境時，未就職時以應爻為公
   司，看世爻、應爻關係以及參考整體卦
   象。如：應爻生世爻，公司環境不錯。
   世爻剋應爻，公司管不到我。

*工作卦例一：已得聘書，占去Ｘ頡科技工作吉
凶：

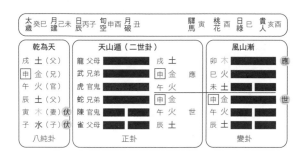

| 太歲 癸巳 | 月建 己未 | 日辰 丙子 | 旬空 申酉 | 月破 丑 | | 驛馬 寅 | 桃花 酉 | 日祿 巳 | 貴人 亥酉 |

乾為天	天山遯（二世卦）	風山漸
戌 土（父）	龍 父母 ▅▅ 戌 土	卯 木 ▅▅ 應
申 金（兄）	武 兄弟 ▅▅ 申 金 應	巳 火 ▅▅
午 火（官）	虎 官鬼 ▅▅ 午 火	未 土 ▅▅
辰 土（父）	蛇 兄弟 ▅ ▅ 申 金	申 金 ▅▅ 世
寅 木（妻）伏	陳 官鬼 ▅ ▅ 午 火 世	午 火 ▅ ▅
子 水（子）伏	雀 父母 ▅ ▅ 辰 土	辰 土 ▅ ▅
八純卦	正卦	變卦

解卦：

1. 世爻持官鬼，勾陳與白虎代表傳統類型
   與機械、加工等工業性質。

2. 官鬼爻尚稱可以，妻財爻亦可出伏雖然
   都不是很旺，因此前景跟薪水都是一般
   般。

3. 世爻月合日沖，稱為「合處逢沖」，占
   者並不想去這一家公司工作。

*工作卦例二：客戶曾小姐今年想將事業擴大營業發展，因此想找新辦公室且裝潢、增加業務量。因為這樣是會先花一比大錢且萬一市況不如預期怎麼辦？所以就來卜問：今年事業運如何？

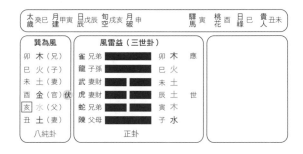

| 太歲 癸巳 | 月建 甲寅 | 日辰 戊辰 | 旬空 戊亥 | 月破 申 | | | 驛馬 寅 | 桃花 | 日祿 酉 | 貴人 丑未 |

巽為風	風雷益（三世卦）	
卯　木（兄）	雀 兄弟 ▅▅▅▅▅	卯　木　應
巳　火（子）	龍 子孫 ▅▅▅▅▅	巳　火
未　土（妻）	武 妻財 ▅▅　▅▅	未　土
酉　金（官）伏	虎 妻財 ▅▅　▅▅	辰　土　世
亥　水（父）	蛇 兄弟 ▅▅　▅▅	寅　木
丑　土（妻）	陳 父母 ▅▅▅▅▅	子　水
八純卦	正卦	

解卦：

1. 事業看官鬼爻，此卦官鬼爻伏藏不現，且與世爻同爻位，表示卜卦有專心。

2. 飛神與日辰生合官鬼爻，因此斷可以出伏。今年事業運不差！

3. 但出伏之前官鬼爻為伏藏不出，因此吉凶不明顯，事業狀況就跟目前差不多。

4. 出伏時間為合處逢沖的戌月。因此戌月（國曆10月）後事業一飛沖天！

　　建議：如計畫進行吧！

　　結果：近日前去瞭解，其事業果然大有起色。

4.11 出行占——外出吉凶、出外旅遊、出差等用途

本篇適合遠行出遊的預測

不管是什麼原因需要出門在外,我們

總是會擔心此行順不順利、安不安全?甚

或是遊玩時好不好玩？

　　尤其是自助旅行的朋友、要到有點動亂之處洽公的朋友，本篇內容更應該事先瞭解，預測一下有無問題再行出發。

1. 世爻為占卜人、應爻為去處。間爻為同伴、中途站，財爻為旅費。父母爻為交通工具、車票、護照。官鬼表麻煩。但仍須看出行目的而論，如去謁貴則以官爻為用神，求財以財爻為用神，如去旅遊，則以子孫爻（遊樂）為用神。

2. 占出行，世爻要旺相有氣。世爻真空真破去不成，世爻動而化回頭剋、化絕不宜去。

3. 世爻剋應爻，代表此行我能掌握。應爻剋世爻則情況我不能掌握（應靜亦算，

191

表示事有阻礙。應爻動剋世爻則有凶）。

4. 官鬼爻動化回頭剋，表示雖有災但無妨。

5. 應爻墓、絕、破、動化凶，去則無益（可能是路塌、受訪人不在……）。

應爻真空，謀事不成。

6. **旅行占**：子孫爻持世、子孫旺相生世、合世，都是好玩吉利之象。世爻持父母爻則表示自己不想去。

旅行卦：官鬼爻表示是非麻煩。若參加旅行社行程，官爻還是要現、靜，否則兄弟爻無制，表示多花冤枉錢且出事後無人擔保。

＊但一般出行卦，官鬼爻可以不現或靜而被制。

7. 官鬼持世、世爻動化官鬼、官動沖剋世

爻，表示去後會有災。

8. 官爻動剋世、剋用神時，表示有事故，依六神卦斷象如下：

官動帶玄武防竊賊、防詐騙（買到假物）、防詐賭、風雨連連。

官動帶朱雀防口舌訟非、防火災。官動帶白虎防舊病復發、生病、意外、鬥毆。

官動帶勾陳防纏連之事（如連環車禍、交通銜接問題）、防跌倒、行李脫鈎（兼看父母爻）。官動帶青龍防嫖賭、防飲食之事（喝酒過量、吃飯過量）、酒色惹禍。

官動帶螣蛇多驚恐、陰司鬼怪之事。官動帶白虎，防生病、血光意外、傷害。

9. 世爻旺相但靜，逢沖之日可出行。

世、應俱動宜速行（卦中明示，太晚動
　　身會錯過時機）。

10. 世動被合，暫不能成行，可看合的六親
　　判斷是因何事。旺相逢沖日成行。

11. 六沖卦去不成，反吟卦中途折返，伏吟
　　卦進退不能。
　　整支卦的爻支亂沖、亂動亦不吉（4 個
　　含以上）。

12. 應爻動再逢日沖，表示旅程中可能轉移
　　目的地。

13. 世爻化空，事不如願。若是為假空，則
　　待出空後其事態、自信心都較能明朗。

14. 世化退神，不能成行（否則就要在旺相
　　有用的期間要完成此行、此事）。

15. 官鬼爻持世，若非心有擔憂，就是羈案

在身（有事限制或因案限制出境）。

*出行占卦例：某人占妻子旅遊吉凶？（尚未出門）

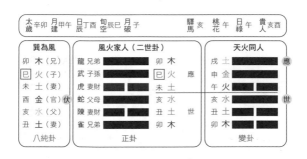

解卦：

1. 占妻子，取動爻之未土妻財為用神。

2. 月建生合用神，又化出午火回頭生合，用神極為旺相。出門一定無事。

3. 午未合住，所以逢沖之日成行，因此斷為丑日出發。

195

4.12 行人占——外出之人吉凶與何時回、尋人等用途

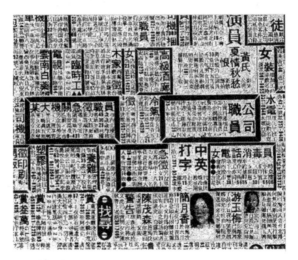

報紙上的警告逃妻與尋人啟事。

本篇跟 4.11 出行占不同的部分是，本章占的是逃家、尋人之問。因為心態上逃跑之人不想回來，但是上一篇的出外旅遊、出差等事，心態上是一定會回來的。

　　所以若是家中有小孩離家、老公老婆離家出走，甚至想找欠你的債務之人，都可以利用本篇內文來判斷。

1. 出走尋人以所尋六親為用神（如：尋老公以官鬼爻、尋小孩以子孫爻）。

　　用神安靜，其地支是所去之方向，離人易尋。

　　用神動，變爻是所去之方向，難尋（一直搬遷、移動）。

2. 尋人卦之用神若伏藏不現，其飛神地支是所去的方向，或是六親是所藏匿的關

係，也較難找。如藏於妻財爻下，則可能是躲藏於女友處。

3. 用神真空，查無蹤跡，毫無音訊。

4. 用神持世、生合世，日後自己會回來（世爻代表此地、家裡、我方）。

5. 世應俱空不必尋，因為找不到（非六親為用神之時，應爻表示為藏匿處）。

6. 用神遇合，有人窩藏，欲知何人，以來合的六親論之。

7. 用神遇日沖暗動，家中有人知道他的去處，以日辰的六親推斷之。

8. 世旺應衰，世剋用神，必可找到。世衰應旺，用神剋世，就算見到但仍不回來。

9. 世應同五行且都不空，其人必潛於用神地支的方向。

10. 用神不生合世、世也不生合用神，乃一
　　 去不回之象。

11. 尋人卦用神被日剋制，乃其人在外不甚
　　 順暢，易回之兆。

**＊因此世爻要旺，應爻、用神要衰，但用神不能
死絕（心死、放任不管之象）。**

12. 用神在卦首的本宮動，雖逃走但仍不
　　 遠。

13. 用神剋世他得志，尋之難見。世剋用神
　　 是我能掌握他，尋之易見。

14. 遊魂卦其人尚無歸意（不見得找不到），
　　 歸魂卦其人歸心似箭（但不見得回來）。

15. 占外出之人、逃家、失散之人，若無法
　　 得知其安全、尚在人世與否，建議先占
　　 一卦其人吉凶如何？若沒問題，則占找

到否？

16. 占外出之人與逃亡、離家之人其看法有異，因為外出之人想回家，逃走之人想逃家。因此用神動剋世爻時，逃家之人得勢難歸，而外出之人是想快回家。

17. 占行人（外出之人），用神剋世、持世、合世、生世都會回家，剋為快、生為慢。世動剋用神，其人不能回來。

18. 世空，其人速至（填空之日），除非用神有異。

19. 用神化官鬼，若非生病就有麻煩事。用神化兄弟，表示缺錢返家。用神化伏吟、反吟，其人在外痛苦不堪。

20. 六沖卦行人無定處不返，六合逢六沖，回家途中又轉往他處。

一、先占還在世否？

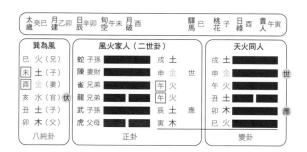

解卦：

1. 此卦用神取兄弟爻，世爻與第三爻都是
   地支為午的兄弟爻。六神各為青龍與朱
   雀，青龍代表找的是親哥哥，朱雀則表
   示此人個性帶有朱雀性質（會說話、業

務、傳播……等等）。

2. 此卦兄弟爻空亡，但是極為旺相，因此斷為假空。**斷**：此人還好好的活著不用擔心！

二、再另卜是否找得回？

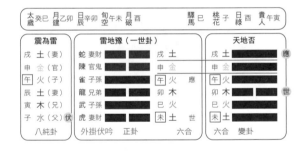

太歲 癸巳	月建 乙卯	日辰 辛卯	旬空 午未	月破 酉		驛馬 巳	桃花 子	日祿 酉	貴人 午寅

震為雷	雷地豫（一世卦）			天地否	
戌 土（妻）	蛇 妻財 ▅▅ ▅▅		戌 土	戌 土 ▅▅▅▅▅	應
申 金（官）	陳 官鬼 ▅▅ ▅▅		申 金	申 金 ▅▅▅▅▅	
午 火（子）	雀 子孫 ▅▅▅▅▅		午 火	午 火 ▅▅▅▅▅	
辰 木（妻）	龍 兄弟 ▅▅ ▅▅		卯 木	卯 木 ▅▅ ▅▅	世
寅 木（兄）	武 子孫 ▅▅ ▅▅		巳 火	巳 火 ▅▅ ▅▅	
子 水（父）伏	虎 妻財 ▅▅ ▅▅		未 土 世	未 土 ▅▅ ▅▅	
八純卦	外掛伏吟	正卦	六合	六合 變卦	

解卦：

1. 此卦用神仍看兄弟爻，卯兄極為旺相，其人在外過的還不錯。

2. 而且此兄弟爻來剋衰弱的世爻，因此他心態上還是較為得勢的！

3. 此非行人卦，因此書上說的「世空立至」的條文不適用。此乃心態不同也！況且，本卦世爻為真空，也無能留住此人。

4. 本來應爻合世爻，是可回之象，但是上卦化為伏吟卦，進退不得。因此斷：在卦的有效範圍內，還是沒能回來！

4.13 求財占——買賣、開店、借貸、比賽、彩券、賭博等預測

財物的需求是安身立命之本

雖然說「錢非萬能」，但是沒有錢卻是「萬萬不能」。心理學的研究上關於金錢、人際關係、健康，以及自我滿足等，是人類的四大基本需求。也因此，人一生中的活動跟「孔方兄」的互動也是最密切的。

卜卦預測上關於借貸、買賣、開店，甚至於比賽、股票等，都有一些條例可茲依循。若能事先得知賺賠與否，便可避免錯誤

的決定與損財，也許停下來思考，何處還有
未完善之處可改進？

　　本篇內文實在是太實用了，希望讀者
可以用來造福自己，進而富裕這個社會！

・求財占：有財可得之象

1. 月令、日辰、動爻為用神來生世、合世、
   剋世（世須旺相），當然至少世爻要有
   氣才行。

2. 世爻為妻財爻，在卦中旺相，至少要有
   氣。

3. 財爻化進神持世、生、合、剋世（世須
   旺相）。

4. 兄弟、子孫爻同動，財源有根，可得長
   遠之財，但是妻財爻仍須生、合、剋世、
   持世。

5. 辰戌丑未為四墓庫，世爻持財過旺相仍
   有財，要遇到墓庫之年、月、日以收藏。

·求財占：無財可得之象

1. 世爻沒有被財爻生、合、剋，或是財爻不持世時。

2. 世爻持兄弟為破耗，但是財爻來合時有財，但為短期財、得財不多。視為兄弟爻時，此時世爻旺相，對財氣更為不好。

3. 世爻要有氣才有財，所以休囚受剋，則自身求財難。

4. **妻財爻真空**：無財，世爻真空：有財難得。

5. 當需要應爻（跟對方有互動關係）的求財卦時，**應爻真空**：主無其法幫忙（對象為六親時以六親用神論）。

   若世應皆空：各有不同想法。

6. 世爻持財爻，**動化回頭剋、伏吟、反吟時**：

求財不順。

（1）動化回頭剋的「用神有效」期限內有財，但要看占事遠近而定。

（2）旺相的伏吟為有財，但是過程不順。

（3）只沖不剋的反吟，世爻旺相時，主財來財去，仍有些許財利。

7. 妻財爻剋世但卻生應爻，則為他人之財。

8. 占長遠之財，仍需要看子孫爻，如做生意、長期投資等。

* 求財卦例一：甘先生占求財？

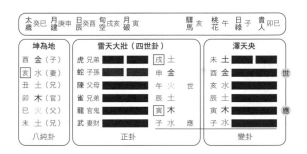

太歲 癸巳	月建 庚申	日辰 癸酉	旬空 戊亥	月破 寅		驛馬 亥	桃花 午	日祿 子	貴人 卯巳

坤為地		雷天大壯（四世卦）			澤天夬	
酉 金（子）	虎 兄弟		戌 土		未 土	
亥 水（妻）	蛇 子孫		申 金		酉 金	世
丑 土（兄）	陳 父母		午 火	世	亥 水	
卯 木（官）	雀 兄弟		辰 土		辰 土	
巳 火（父）	龍 官鬼		寅 木		寅 木	應
未 土（兄）	武 妻財		子 水	應	子 水	
八純卦		正卦			變卦	

解卦：

1. 世爻為午火，對於日辰、月令皆呈現休
   囚狀態，表示自己也信心不足，求財無
   力感。

2. 財爻子水，月來生、日也來生，第五爻
   子孫爻（紅色的申那一爻）又化進神來
   生，可謂財利頗豐。

3. 求財卦財爻最好財爻生世爻，代表利來就我。此卦財爻非但沒有生世爻，卻在應爻（他人）同爻位，因此為他人之財。況且世爻也休囚無力，競爭性較不足。且本卦六沖，你本身之於此事應該也有散掉之象。

4. 建議：財利終為他人所得，若還沒決定之事，則先不參與或先抽身，以免勞心勞力又無財利。

·求財卦諸爻持世看法

1. **妻財爻持世**：得財易。

2. **兄弟爻持世**：莫求財，除非財動來合時。

3. **父母爻持世**： 得財辛苦或得財較快。

4. **官鬼爻持世**：近期財可得、合夥生意不

利、久遠財在求財過程中有小阻礙。

但若財爻不現，則不僅無財，還有是非。

5. **子孫持世**：近財不可得，為細水長流之

財。

> * 求財卦例二：占某餅乾銷售合作提案前景如何，
> 賺錢與否？

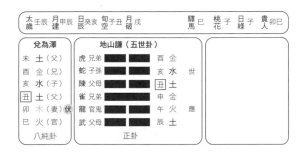

解卦：

1. 用神為財爻（獲利、賺錢）伏而不現，

先看可否出伏？用神日辰生之，飛神被

日剋之，所以可以出伏！表示有利可圖。

2. 世爻併入日辰來生財爻，所以沒有「財來就我」之象，表示這提案是我去求財，當然求財過程一定辛苦，世持子孫，旺相，為長遠之財，但仍無很旺。

3. 財爻剛好伏在應爻下，生應爻。世爻又有生財爻之意，表示最後獲利會入合作對象之手，自己瞎忙一場！

建議：還是不參與為妙，無奸不商，小心為上！

·買賣貨物求財

買賣交易無非是想買低賣高，賺取價差。

1. 買賣以妻財爻為用神，為貨物。買賣貨

是想要賺取價差利潤之買賣。

買貨希望價位低，但是財物可以賣得出

去，因此要：

（1）用神休囚但不能受死絕（目前價

　　　低）、原神旺相（未來看好），一

　　　定獲利。

（2）用神休囚也可能是貨物不好，宜多

　　　加檢驗及殺價購買。

（3）用神動化進神，價格漸漸高漲，但若原神受剋、不動時，慎防買到高點！

（4）世爻持原神時，不要買，追價辛苦，子孫爻在應爻最好，對方追價給我。

（5）用神化退神，價格會越來越便宜，暫時先 hold 住不買。

（6）六沖、真空、真破，買不成。

2. 賣貨時希望於價位高點時賣出，但是太高則又恐怕賣不出去，因此：

（1）用神旺相仍有利潤，用神休囚收入不敷成本。

（2）用神被合，賣貨暫有阻礙，逢沖之日成交。

（3）用神生世，貨物易售，用神剋世（世
　　爻旺相）貨物售出速度快，但剋世
　　之用神不可生、合他爻。

（4）內卦財衰、財爻化進神，宜往外地
　　求售。世、財旺相，但是世爻化退
　　神時，宜在本地脫售之。

　3.財物出售的時機：

（1）若月令、日辰剛好是財爻用神，目
　　前正是時候，價位為相對高點 local
　　maxium。

（2）用神旺相之時，正是賣點（財爻為
　　價位）。

（3）用神休囚逢墓、空，難出售、不賺
　　錢，有賠本的打算。最好於空、墓
　　期間內盡快售出。

（4）用神過旺，價位過高，亦難售出，
　　待入墓之日或受剋之日售出。

（5）用神動化進神，若原神不動，則變
　　爻之日為售出高點。

（6）用神化退神，價位會愈來愈差，現
　　正脫手。

＊買賣卦例：近來天冷，想在網拍買電子暖蛋禦
寒，怕被對方詐騙（對方評價少），因此以卜卦
確認，占跟此賣家交易之吉凶？

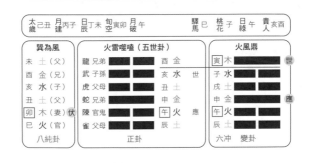

太歲 己丑	月建 丙子	日辰 丁未	旬空 寅卯	月破 午		驛馬 巳	桃花 子	日祿 午	貴人 亥酉

巽為風		火雷噬嗑（五世卦）		火風鼎	
龍 未 土（父）		酉 金		寅 木	世
酉 金（兄）		亥 水	世	子 水	
亥 水（子）		丑 土		戌 土	
丑 土（父）		申 金		申 金	應
卯 木（妻）伏		午 火	應	午 火	
巳 火（官）		辰 土		辰 土	
八純卦		正卦		六沖 變卦	

216　第四篇　實際的分類與應用

解卦：

1. 世爻旺，很想買。

2. 應爻持勾陳官鬼，月破雖日辰合，但還是真破，又伏空亡財爻→對方手上沒貨，而且想詐我。決定卜卦完就取消訂單囉！

後記

今天再上網看了這個賣家的賣場，一樣的東西，有人買後回覆如下的評價。某買家意見：先生我有打電話給你，你說停產沒貨只剩台灣製造，直接給我負面評價，對我來說很不公平。

想開店、展店一圓老闆夢，賺錢與否的預測

·占開店做生意

1. 世、應爻不可真空、休囚（應爻為合夥人，與六親合夥則看所屬六親）。

2. 開店為長遠財，需要看子孫爻、妻財爻。

3. 官鬼爻宜旺不宜動、要出現，否則多損耗、口舌，尤其有合夥情形時。

4. 卦中妻財不現，伏藏又空亡，資本不足。

5. 父母爻為店面，需要靜、旺。若父母爻
   空亡可能還在尋找開店的地方。

6. 父母爻、兄弟爻均旺相，一定不賺錢，
   不開店為妙。

7. 若為合夥生意時，

   （1）世生合應，我助他；應生合世，他
      助我。

   （2）世應生合或比和（不相沖的比和），
      彼此同心；世應相沖，彼此不合拍。

   （3）世剋應，我掌控；應剋世，他為掌
      控者。

   （4）世靜逢沖，我心多變；應靜逢沖，
      彼心多動搖。

   （5）應臨玄武兄弟，小心其暗中偷竊、

欺騙。

（6）應臨官鬼剋世，對方會帶來災害，
不合作為妙。

（7）世空我無心，應空他心懶；世應俱
空為虛約。

（8）財爻生合應爻，不生合世爻，財為
他人所得。

（9）世應合，但是應爻化出之變爻沖世
爻，原本合拍之後散夥。

（10）應爻合剋世爻，彼此仍維持關係，
但是我方被壓制。

8. 占問契約以父母爻為用神，旺相生、合
世爻，則合約可簽。

> ＊開店卦例一：某女想跟嫂嫂一起去頂讓早餐店
> 會不會賺錢？

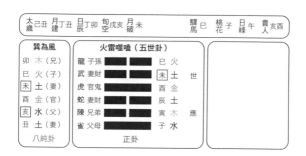

太歲 己丑	月建 丁丑	日辰 丁卯	旬空 戌亥	月破 未		驛馬 巳	桃花 子	日祿 午	貴人 亥酉

巽為風	火雷噬嗑（五世卦）	
卯 木（兄）	龍 子孫 ▆▆▆ 巳 火	
巳 火（子）	武 妻財 ▆ ▆ 未 土	世
未 土（妻）	虎 官鬼 ▆▆▆ 酉 金	
酉 金（官）	蛇 妻財 ▆ ▆ 辰 土	
亥 水（父）	陳 兄弟 ▆ ▆ 寅 木	應
丑 土（妻）	雀 父母 ▆▆▆ 子 水	
八純卦	正卦	

解卦：

1. 世爻為自己，嫂嫂為合夥人，嫂嫂的用
   神為兄弟爻，因此兄弟爻可旺、可靜、
   可現不可動。

2. 世爻持財，月破日剋，為真破，除了沒
   信心外，也沒什麼本錢，需要外借。

3. 兄弟爻為應爻，此時應爻為嫂嫂，不為

221

頂讓的對方，兄弟爻旺靜，表示嫂嫂興
致高。

4. 能否賺錢看財爻，長期開店也要看子孫
爻，財爻真破，子孫雖旺相但無動，白
虎官暗動於間爻，非但不能賺錢且之後
有是非及受傷事件，不開為妙！

＊開店卦例二：想做網路拍賣，不知是否能順利
　賺到錢？

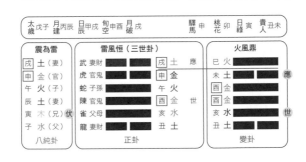

解卦：

1. 世爻空亡，目前無信心。

2. 玄武財（流動生意）動來生世，可行！

   且世爻為假空。

   建議：鼓足勇氣去做吧！

圖：仲介能力與操守如何的預測

·仲介人的挑選

1. 間爻為仲介，若專占仲介則以應爻為用
   神，若六親為仲介則以六親為用神。

2. 應爻生合世爻，可託付。應爻動剋世爻，
   不可託付。

3. 應爻持玄武官鬼不可託付，玄武兄弟會
   多付費或從中牟利。

4. 應爻持財動化兄弟爻，不可託付（要錢
   而已）。

5. 應爻休囚能力差，不可託付。

親兄弟明算帳，要白紙黑字立契約喔！

·向他人借貸

1. 世為自己，應爻為他人、銀行、錢莊等，
   若向六親借錢則以六親為用神。

225

2. 應爻空、破可能無能力或不想借我錢。

3. 世爻持兄弟，借不到錢。

4. 財要來生世、合世、剋世（世旺）、持世，財爻亦要旺相。

5. 應爻生、合世但是財爻空絕，對方有心無力。

6. 財爻生、合世，但是應爻沖剋世，對方有錢但不肯借。

7. 財爻動，生世，但日辰、月令、變爻合住財時，有人耽擱，逢沖之日可得。

8. 合處逢沖之卦，就算一開始說定了，但最終仍不能借到。

買彩券要做為怡情、公益之用，千萬不要沉迷

·買彩券、六合彩簽賭問卜之法：

1. 世爻為自己、用神為官鬼爻、財爻為原神、父母爻為號碼。

2. 世爻持財爻、子孫爻、兄弟爻必輸。

3. 世爻持官鬼、父母爻旺相者，十拿九穩。

4. 父母爻旺相、世爻空亡，有正確號碼不敢簽。

5. 世持官鬼或父母，無氣或被剋，或化兄弟、或被合住，不會贏。

6. 青龍、朱雀、勾陳遇財，多半是輸。 螣蛇、玄武、白虎遇財，多半是贏，但仍要旺相且對世爻有利才行。

7. 月破、日破、日合、月合，勿簽。

8. 妻財爻動生世爻，主贏，但世爻不能受傷。

＊彩券卦例：占問今天買威力彩會不會中獎？

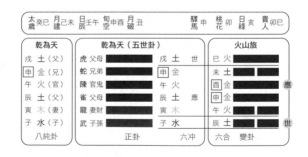

解卦：

1. 官鬼、父母、世爻都可以，財爻休囚但
   動剋世（仍有力），會中獎。

    結果：中 100 元。

比賽、選舉可用此篇內容預測輸贏方為何者？

·賭博（可用於選舉、球賽等雙方競賽類占卜）

1. 世為我，應為對方。世旺應衰，我勝。

應旺生世，我大勝。世剋應，我勝。

2. 旺財持世，子孫爻無傷，我勝。

3. 兄弟爻持世、兄弟爻動沖剋世，我輸。

4. 世空化空，我輸。 世爻空、破、墓、絕，
   我輸。

5. 卦中無財、官，我輸。

6. 世應比和，無勝負。若此卦仍能比較世
   應誰較旺，則仍能斷勝負。

7. 世應真空，賭不成。應爻真空，沒有牌
   咖。

8. 間爻動化官鬼、動化兄弟，會有爭執是
   非。

9. 間爻兄弟爻動，抽頭多。

10. 應爻玄武友動傷世，是騙局。

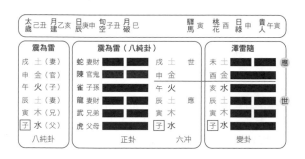

```
＊賭博卦例：占問今年 XX 鄉長選舉（12／5 開票）
  何人當選 ??
```

太歲 己丑	月建 乙亥	日辰 庚申	旬空 子丑	月破 巳		驛馬 寅	桃花 酉	日祿 申	貴人 午寅

震為雷	震為雷（八純卦）	澤雷隨
戌 土（妻）	蛇 妻財 ▬▬ 戌 土 世	未 土 ▬ ▬ 應
申 金（官）	陳 官鬼 ▬ ▬ 申 金	酉 金 ▬▬
午 火（子）	雀 子孫 ▬ ▬ 午 火	亥 水 ▬▬
辰 土（妻）	龍 妻財 ▬▬ 辰 土 應	辰 土 ▬ ▬ 世
寅 木（兄）	武 兄弟 ▬ ▬ 寅 木	寅 木 ▬ ▬
子 水（父）	虎 父母 ▬▬ 子 水	子 水 ▬▬
八純卦	正卦 六冲	變卦

　　我以世爻為 X 先生求占者，應爻為對
手，所得卦象如下：

解卦：

1. 世、應地支為辰戌六冲，表示競爭激烈
   且已檯面化。

2. 用神官鬼爻化進神且日辰也為官，表示

本身已有官職（公務人員），且會更上層樓。

3. 競爭狀況為五五波，贏得也驚險。

4. 官爻雖與世爻較近，但官爻化出與應爻合。

5. 開票日（12／5）亦為亥月申日，因此維持此結果→對方險勝 。

　　結果：開票結果票數十分接近，對方贏了6％。

股票買賣心態要正確，投資不投機，短線進出，
最終錢還是入政府口袋。

· 股票買賣

1. 股票買賣跟買賣貨物一樣，希望買低賣
   高以獲取利潤。

   占股票走勢時，以財爻為價位、子孫爻
   為走勢。

   （1）財爻休囚但不死絕，此時價低；子

孫爻旺相，未來走勢一定漲。

（2）財爻化進神，會漲。

（3）兄弟爻化退神，表示價格即將起飛，動爻之日可以止跌。

（4）兄弟爻化進神，動爻之日開始跌。

（5）財爻過旺，目前價位太高。

（6）日辰財爻，該股價位為近期的相對高點。

2. 子孫爻持世需要長期持有，跟「做股票」違背。

子孫或妻財有剋無生，也可能要持股很久。

3. 兄弟爻持世，自身財運不好。世爻衰，兄弟或官鬼動來沖、剋者，會賠錢。

4. 六沖卦，買賣不成。

5. 指數漲跌如何，妻財為用神，兄弟爻為
   忌神，官爻為官方，父母爻為成交量。

* 總之，就是財爻與兄弟爻的旺相消長情形，以
  斷漲跌。

6. 可以事先占哪一日某股漲跌如何，但是
   要注意當日與該日的月令與日辰，如果
   能選擇五行相同的則少點困擾。

＊股票卦例一：問今日某股票漲跌如何？

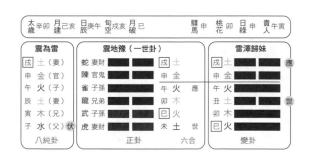

解卦：

1. 世持妻財爻，表示專心卜卦。

2. 卦中妻財爻表示指數高低，與兄弟爻強弱、對待關係便可知漲或跌。

3. 本卦兄弟爻月令來生，對日休囚。妻財爻日辰來生，動爻也化出回頭生，來生妻財。明顯旺於兄弟爻，因此本股今日會漲！

4. 結果開盤還跌，盤中一直升，最後收盤漲 2.3 塊。

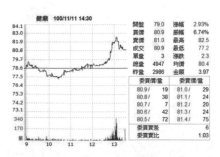

> ＊股票卦例二：占問新鑽動力基金 2010 ／ 12 ／
> 31 前價位是否可到 13 ？

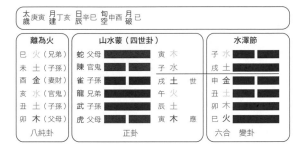

太歲 庚寅　月建 丁亥　日辰 辛巳　旬空 申酉　月破 巳

離為火	山水蒙（四世卦）		水澤節
巳 火（兄弟）	蛇 父母 ▅▅▅▅	寅 木	子 水 ▅▅ ▅▅
未 土（子孫）	陳 官鬼 ▅▅ ▅▅	子 水	戌 土 ▅▅▅▅
酉 金（妻財）	雀 子孫 ▅▅ ▅▅	戌 土 世	申 金 ▅▅ ▅▅
亥 水（官鬼）	龍 兄弟 ▅▅ ▅▅	午 火	卯 木 ▅▅ ▅▅
丑 土（子孫）	武 子孫 ▅▅▅▅	辰 土	卯 木 ▅▅▅▅
卯 木（父母）	虎 父母 ▅▅ ▅▅	寅 木 應	巳 火 ▅▅▅▅
八純卦	正卦		六合　變卦

解卦：

1. 妻財爻就算暫時可以出伏（飛神空亡）
   但是休囚受剋，沒能上 13。

2. 申酉日（1 ／ 5、1 ／ 6 日）旺之：階段
   高點可賣，果真於 1 ／ 5 最高，沒能上
   13，但是我已賣於階段高點。

君疑聞詳命相卜服務項目

一、卜卦問事

以五術中最精準的卦術，為您解決人生抉擇關口的任何疑難問題。

如：工作求職、感情、疾病、尋人尋物、求財……諸凡各種問題都可得到解答。

問卜是以六爻文王聖卦，除了問題的結果立斷外，還可以獲知更多資訊。

百事皆可問，唯誠則靈。也可遠距卜卦，但請先來電詢問卜卦須知。

《卜卦準備資料》

當面或 e-mail、電話告知即可。

二、命名改名

1. 兼顧本命生肖、八字取吉相輔助。

2. 配合熊崎氏法則（天、地、人、總、外格），及筆劃數取吉。

3. 配合紫微斗術本命個性，並兼顧字形、字音、字義，確實將名字效力實用於個人特質上。

3. 配合父母或配偶八字取吉。

若另有需求可另行提出（如增加工作人緣時，需告知工作性質……等等）

4. 以文王聖卦占卜判斷吉凶。

參考坊間多派姓名學，取優避凶，擇吉命名。

　　另可依需求親書疏文且擇吉日吉時告知祖先，以增加名字靈動力 。

《命名準備資料》

1. 嬰兒生辰八字（年、月、日、時）、性別。

2. 父母親的姓名、八字（出生年即可）。

3. 嬰兒兄姐的姓名，以及長輩名字等等（需要避開的字）。

4. 特別喜歡（視狀況盡量滿足）或忌用的文字（一定避開）。

《改名準備資料》

1. 本人的八字（年、月、日、時）。

2. 已婚者附上配偶的姓名及八字。

3. 未成年者附上父母親的姓名及八字。

4. 改名特殊原因或是新名字需要加強的地方（如工作、婚姻……等等）。

《公司命名準備資料》

1. 公司負責人（真正主事者，非掛名者）的姓名、八字、性別。

2. 公司的營業性質、項目。

3. 如有合夥人附上合夥人姓名及八字。

三、陽宅規劃鑑定

以正統三元派為主，配合其餘派別為輔，幫您的住宅內、外在環境做一完整規劃。除了化煞外，同時為您找出文昌及財位、房間桃花位等，並教導財位催財之法、催桃花之法。

調整過程沒有敲敲打打等大工程，或要求加購八卦鏡、山海鎮等推銷手法。

並贈入宅擇吉日課或開市開業擇日。

《勘宅準備資料》

時間以白天勘宅較適當，以電話或 e-mail 告知均可。

四、紫微斗數批命

利用紫微斗數幫助您認識自己，找出個性優缺點、適合何種工作發展等等。

點出何時走運，何時低潮；讓您的人生不至於走冤枉路。科學論命，沒有神神鬼鬼的怪異之說！

1. 基本盤的解說（個性、財運、事業、健康等優缺點分析）。

2. 近幾十年的大限解說、近年流年解說。

3. 其餘的問與答（依客戶提問需求，亦可配合兩張命盤以上互參）。

《批命準備資料》

1. 生辰八字（年、月、日、時，最好準確到分鐘以及出生地區等資訊）、性別。

2. 若是看他人的命盤，因涉及隱私，因此要提出彼此的關係。

3. 希望解決的問題或困擾及基本資訊，如工作問題，
   則必須先告知目前工作性質等資訊。
4. 聯絡方式：郵寄地址、聯絡電話或是 e-mail，方便
   聯絡皆可。

五、擇日擇吉

開光點眼／搬遷／婚嫁／動土／安床／開市開
業……等等。

精通各類日課擇法（如需天星課或大六壬課者
請先註明）

1. 搬遷入宅、開市開業

《入宅準備資料》

預定搬遷日期、時間、房屋坐向（或是簡圖有
標明南北坐向亦可）、主事者八字姓名、其餘參與者
八字、姓名。

2. 婚嫁擇日（含訂婚、結婚、安床）

《婚嫁準備資料》

新郎和新娘的姓名及彼此的八字，雙方父母親
的八字、姓名，預計的婚期期間，女方有無胎孕，特

殊需求（如希望為星期六、日）……等。

3.紫微剖腹擇日：

　　《剖腹準備資料》

　　　預產期、胎兒性別、父母親八字及姓名、簡述
對小孩的期望為何。

六、各式演講、五術教學

1.公司團體、社團、學校等，都可進行時間不等的
　教學、演講活動（台語、中、英文都可），題目
　可訂可討論，歡迎詢問。

2.各式五術教學，個人式、小班制，讓您聽的懂、
　學的會，實例操作，學後直接應用。

陳老師聯絡方式：
手機：0928827456
Email：arger.tw@seed.net.tw
部落格：http://arger0204.pixnet.net/blog
Facebook 粉絲團、社團：君疑聞詳命相卜

國家圖書館出版品預行編目資料

卜卦一本通／陳文祥著.
－－第一版－－臺北市：知青頻道出版；
紅螞蟻圖書發行，2015.02
面　　公分－－(開運隨身寶；13)
ISBN 978-986-5699-50-5（平裝）

1.易占

292.1　　　　　　　　　　　　　　104000054

開運隨身寶 13

卜卦一本通

作　　者／陳文祥
發 行 人／賴秀珍
總 編 輯／何南輝
美術構成／Chris' office
校　　對／周英嬌、陳文祥
出　　版／知青頻道出版有限公司
發　　行／紅螞蟻圖書有限公司
地　　址／台北市內湖區舊宗路二段121巷19號（紅螞蟻資訊大樓）
網　　站／www.e-redant.com
郵撥帳號／1604621-1　紅螞蟻圖書有限公司
電　　話／(02)2795-3656（代表號）
傳　　真／(02)2795-4100
登 記 證／局版北市業字第796號
法律顧問／許晏賓律師
印 刷 廠／卡樂彩色製版印刷有限公司
出版日期／2015年 2月　第一版第一刷

定價 220 元　　港幣 73 元

ISBN 978-986-5699-50-5　　　　　　Printed in Taiwan